新版 子ども虐待と向きあう

－兵庫・大阪の教育福祉の現場から－

兵庫民主教育研究所 子どもの人権委員会 編

三学出版

本　書　に　つ　い　て

　兵庫民主教育研究所子どもの人権委員会は、神戸高塚高校校門圧死事件を受け、子どもの権利保障に向けた取り組みを進めるため、1993年、2年間限定のプロジェクトとして発足しました。その後、須磨連続児童殺傷事件など、子どもの人権に関わる問題が山積する状況を受け、現在は常設の委員会として設置されています。ほぼ毎月1回、子どもの人権に関わるさまざまな問題について研究会を重ね、その回数は2013年度現在で150回を超えるに至っています。

　これまで、その研究成果として、『いのちの重みを受けとめて──子どもの人権と兵庫の教育』（神戸新聞総合出版センター、1997年）、『競争の教育から信頼の教育へ──「須磨事件」研究経過報告書』（報告書、2001年）という2冊の研究成果を発表してきました。本書は、これらに続く3冊目となります。

　本書では、近年特に大きな問題となっている子ども虐待問題に対し、学校を中心とする教育現場がいかに向きあい、解決に向けた取り組みを進めていくことができるかを検討しています。その際、兵庫や大阪の学校現場をはじめ、児童福祉や司法など、さまざまな現場で問題と向き合っておられる方々にご執筆いただくことで、子ども虐待を、「教育」の問題、あるいは「福祉」の問題と、おとなの都合で切り離して捉えるのではなく、子どもの人権をまもり、教育と福祉の権利を統一的に保障していくという視点から検討することを心がけました。また、事例を多く挙げることで、問題をより身近なものとして捉え、取り組みのイメージを明確なものとするよう努めています。なお、本書の事例についてはすべて仮名とし、個人が特定されるような情報の記述は控えると共に、家族構成等も一部変更しています。

　主に、学校現場で日々子どもと向き合っておられる教師の皆さんを対象としていますが、子どもの人権を脅かす虐待の問題に関心を持つすべての方にご一読いただき、お役立ていただけましたら幸いです。

　最後に、出版をめぐる状況が厳しい折、本書の刊行を快くお引き受けくださいました三学出版の中桐信胤氏に、心より御礼申し上げます。

　　2014年2月

兵庫民主教育研究所子どもの人権委員会　委員長

松浦崇（静岡県立大学短期大学部准教授）

ま　え　が　き

望月彰（名古屋経済大学教授）

　「誰も、ふりむいてくれない。 おとなの無関心が、子ども虐待を助長しています。」

　これは、児童虐待防止全国ネットワークによる2013年度のオレンジリボン運動の標語です。2012年度に全国の児童相談所で対応した児童虐待相談件数は、66,807件（速報値、兵庫県こども家庭センター５か所の相談件数は1,757件、神戸市を含むと2,418件）でした。1990年度に初めて統計が取られたときには1,101件でしたから、この20数年間に実に60倍に増加しています。児童相談所が対応したケースの背後には、その10倍、20倍の「疑いのある」ケースが隠れているといわれています。「誰もふりむいてくれず」、ひとりで苦しんでいる子どもが60万人以上いる可能性があるということです。

　そのような子どもたちは、学校で何らかのＳＯＳを発信しているはずです。まず教師がそれに気づいてあげることで、深刻なケースとなることを防ぐことができます。「目の前のことに追われて、とても一人ひとりの子どもの家庭背景まで気にしている余裕はない」、「家庭のプライバシーにまで介入したくない」あるいは「どのように対応したらよいかわからない」という現実問題があるかもしれません。その結果、子どもから見れば、発信したＳＯＳに対して学校は無関心ということになってしまいます。その「無関心が、子ども虐待を助長して」いる一要因なのです。

　2012年度の兵庫県の相談件数1,757件のうち、相談経路で最も多かったのは、近隣・知人からの相談で659件でしたが、学校からは49件でした（記者発表資料）。幼稚園経路１件、教育委員会等経路の７件を合わせても57件でした。この数字は児童相談所が受理した件数ですので、これ以外に学校が独自に対応したケースもあると思います。そこでは、担任だけでなく、養護教諭が重要な役割を果たしていることと思います。近年は、より専門的な立場からスクールソーシャルワーカーの活躍も広がりつつあります。しかし、それでもまだ、子どもからのＳＯＳを受けとめきれていないケースが数多くあると思われます。

子どものＳＯＳは、身体的虐待が疑われる不自然なアザとか、ネグレクトが疑われる不衛生な衣服などへの視点だけではなく、いじめ、不登校、非行などの形で発信される場合もあることに留意すべきです。学校や教師は、子どもたちが発信するさまざまなＳＯＳについて、児童虐待の急増という現実を視野に入れて「ふりむいて」あげることが必要です。

　さらに、国連子どもの権利委員会による第3回日本審査をふまえた2010年6月の「最終所見」は、「本委員会は、驚くべき数の子どもが情緒的幸福度の低さを訴えていることを示すデータ、ならびに、その決定要因が子どもと親および子どもと教師との間の関係の貧困さにあることを示すデータに留意する」（パラグラフ60）と指摘しています。また、「家庭および学校において虐待の犠牲となった子どもに適切な保護を提供すること」（パラグラフ57）も勧告しています。すなわち、家庭への働きかけを含めて、学校自体における「関係の貧困さ」を克服する実践・学校づくりが求められているのです。このブックレットが、そのような実践・学校づくりのひとつの指針となることを願っています。

新版　まえがき

吉田卓司（藍野大学准教授）

　子どもの人権委員会は、「子ども虐待」に向き合う多様な現場の実践に焦点をあてた本書初版を刊行し、2020年で6年が経ちました。その間も、虐待対応件数は3倍以上と増加の一途をたどっています。初版まえがきに「ひとりで苦しんでいる子ども」が対応件数の10倍、20倍いると記された状況は、ますます顕在化しています。本書が、今後も課題解決の一助となれるよう、新版では、末尾「相談窓口」の連絡先を全面改訂するなど、データの更新を行いました。新版刊行に際し、本書が子ども虐待に取り組む人々に、多方面で活用され、一人でも多くの子どもたちに笑顔がもどることを心から願っています。

目　次

序 | 子どもの命と暮らしを守る －兵庫県における歴史的展開－

松浦崇（静岡県立大学短期大学部准教授）

学校は、子どもたちにとって「教育の場」です。当たり前のように思われますが、実は、このことの意味が、現在大きく歪められているように思われます。

子どもの権利条約は、第29条において、教育の目的を「児童の人格、才能並びに精神的及び身体的な能力をその可能な最大限度まで発達させること」、「人権及び基本的自由並びに国際連合憲章にうたう原則の尊重を育成すること」を挙げています。ここにあるように、教育とは、国家や社会の利益のために世界トップレベルの学力や規範意識を身につけさせるためのものではなく、子どもの最善の利益のため、人格の完成を目指して行われるべきものです。そうした教育を行う場である学校は、何よりも子どもの人権を尊重し、子どもが安全で安心できる場でなければならないでしょう。

しかし、安全安心の場であるはずの学校において、いじめや体罰によって子どもの命が失われるという、決してあってはならない事態が続いています。また、虐待や貧困などによって、命と暮らしが脅かされた状態に置かれている子どもた

ちも数多くいます。

現場の教員が置かれている状況は厳しく、時間も心の余裕も奪われ、困難と向き合うことを難しくしています。けれども、困難な時だからこそ、子どもの命と暮らしを守り、真の意味で教育を受ける権利を保障するべく、子どもの抱える困難に気づき、向き合うことが求められているのではないでしょうか。

兵庫県では、これまで、1995年の阪神淡路大震災などの大災害、あるいは、いじめや虐待など、子どもの命と暮らしを脅かす事態に対しては、子どもの権利を守るべく先駆的な取り組みが行われてきました。ここでは、その内3つの取り組みについて見ていきます。

（1） 教育復興担当教員 （兵庫県）

1995年1月17日に発生した阪神淡路大震災は、県下の子どもたちに大きなショックを与え、心のケアが大きな課題となりました。こうした状況を受け、1995年度には128名の教員が「教育復興担当教員」として配置されています。教育復興担当教員は、2005年度からは「心

のケア担当教員」と名称変更されていますが、2009年度まで、のべ約1,670人が活動してきました。

教育復興担当教員は、スクールカウンセラー（臨床心理士）と異なり、教職員として日常的に子どもたちと関わりながら支援を行った所に特徴があり、問題の深刻化の予防、心のケアに成果を挙げてきました[1]。主に、個別指導（声かけ・励まし・日記指導）、相談活動、心のケアの視点での学校行事や研修の計画立案、関係機関との連絡調整などの役割を果たしてきました。

（2）　スクールソーシャルワーカー （赤穂市）

スクールソーシャルワーカーは、虐待や不登校、いじめなど、さまざまな問題を抱える子どもに対し、個人の内面（心）ではなく、家庭、友人関係、地域、学校など、子どもが置かれている環境に着目し、それらに働きかけることで問題の解決を図る専門家です。日本では、1980年代半ば頃より徐々に取り組みが進められてきましたが、広く普及するには至りませんでした。

そうした中、1999年より、赤穂市教育委員会と関西福祉大学の共同研究事業として、スクールソーシャルワーク推進事業が始められました。当初は、中学校区を中心とし、学校－家庭－地域のネットワークの強化が図られていましたが、2004年度には、市教委により「スクール

ソーシャルワーカー設置要領」が示され、1名のスクールソーシャルワーカーが配置されることとなり、全市的な活動が始まりました[2]。この取り組みは、全国的に見ても非常に先駆的であったと言えます。

2008年には、文部科学省において「スクールソーシャルワーカー活用事業」が導入されましたが、その十分な普及には至っておらず、今後さらなる充実が求められています。

（3）　子どもの人権オンブズパーソン （川西市）

川西市子どもの人権オンブズパーソンは、「一人一人の子どものSOSを受けとめ「いじめ」「体罰」「虐待」などの人権侵害から子どもを救済するための公的第三者機関」として、1999年、全国で初めて条例により設置された制度です[3]。1994年の子どもの権利条約の批准と、同年のいじめ自殺の深刻化を受け、教育委員会が「子どもの人権と教育」検討委員会を設置したことが、制度創設のきっかけになっています。条例の第1条には、「子どもの権利条約の積極的な普及に努め」、「一人一人の子どもの人権を尊重し、及び確保すること」が目的として謳われており、何よりも子どもの権利を護るための制度であると言えます。

川西市子ども人権オンブズパーソンは、子ども自身からの相談が多いことが特徴となっています。この点について、

オンブズパーソンを務めた桜井智恵子は、学校が理解を示し広報を手伝っていることに加え、できるだけ子ども本人から話を聞くというスタイルを徹底しているためであると整理しています[4]。

　以上３つの取り組みは、学校の教職員が中心となっているもの、専門家が行なっているものなどさまざまですが、どの取り組みも、何よりも子どもの権利のため、子どもの命と暮らしを護るため、複雑化・深刻化する問題に対し、学校の教員と関係者が一丸となって取り組んでいるものであると言えます。こうした先駆的取り組みの精神を、現在深刻化している子ども虐待問題への取り組みにも生かしていくことが求められます。

　子ども虐待は、家庭、地域など、多くの要因が影響して起こります。そのため、対応も、福祉、医療、司法など、さまざまな分野と連携して行わなければなりません。多くの心ある教員は、問題の深刻化を認識し、何とかしなければと思いつつ、どのようにしたら良いのか分からず、もどかしい思いをされているのではないでしょうか。

　本書では、学校教育に留まらず、さまざまな分野の専門家の方より、豊富な事例に基づきながら、問題の捉え方、支援のあり方について執筆していただきました。子どもの命と暮らしを護ろうと尽力されている方にとって、多くの示唆が得られることと信じています。

〔註〕
(1)　兵庫県教職員組合・兵庫教育文化研究所編『兵庫発の防災読本　いのち　やさしさ　まなび』アドバンテージサーバー、2005年、pp.84-87。
(2)　日本スクールソーシャルワーク協会編『スクールソーシャルワークの展開』学苑社、2005年。
(3)　川西市子どもの人権オンブズパーソン「子どもオンブズ・レポート2007」、2008年。
(4)　桜井智恵子『子どもの声を社会へ－子どもオンブズの挑戦』岩波書店、2012年。

阪神・淡路大震災の影響により心の健康について教育的配慮を必要とする児童生徒数の推移

〔各年度７月１日現在　単位：人〕

年度 / 区分	8	9	10	11	12	13	14	15	16	17	18	19	20	21
小学生	1830	2154	2426	2394	2060	1903	1429	976	556	275	89			
中学生	1982	1935	1680	1711	1332	1239	1120	932	781	533	403	341	169	74
合　計	3812	4089	4106	4105	3392	3142	2549	1908	1337	808	492	341	169	74
増　減		277	17	-1	-713	-250	-593	-641	-571	-529	-316	-151	-172	-95

出所：兵庫県教育委員会「災害を受けた子どもたちの心の理解とケア（研修資料）」、2011年３月。

1 子ども虐待って何だろう
―子ども虐待を理解するために―

松浦崇（静岡県立大学短期大学部准教授）

1. 子ども虐待とは

　子ども虐待とは、親または現に子どもを養育する者（例えば、内縁の夫なども含まれます）が、子どもに対して行う、人権侵害行為のことを指します。ここでの「子ども」とは、法的には18歳未満の者と定義されていますが、18歳を迎えた高校生であっても、児童相談所をはじめとする機関と連携し、対応することが求められます。

　子ども虐待は、「児童虐待の防止等に関する法律」（以下、「児童虐待防止法」）において、以下の通り定義されています。

> 第2条　この法律において、「児童虐待」とは、保護者（親権を行う者、未成年後見人その他の者で、児童を現に監護するものをいう。以下同じ。）がその監護する児童（十八歳に満たない者をいう。以下同じ。）について行う次に掲げる行為をいう。
> 一　児童の身体に外傷が生じ、又は生じるおそれのある暴行を加えること。
> 二　児童にわいせつな行為をすること又は児童をしてわいせつな行為をさせること。
> 三　児童の心身の正常な発達を妨げるような著しい減食又は長時間の放置、保護者以外の同居人による前二号又は次号に掲げる行為と同様の行為の放置その他の保護者としての監護を著しく怠ること。
> 四　児童に対する著しい暴言又は著しく拒絶的な対応、児童が同居する家庭における配偶者に対する暴力（配偶者（婚姻の届出をしていないが、事実上婚姻関係と同様の事情にある者を含む。）の身体に対する不法な攻撃であって生命又は身体に危害を及ぼすもの及びこれに準ずる心身に有害な影響を及ぼす言動をいう。）その他の児童に著しい心理的外傷を与える言動を行うこと。

1）身体的虐待
　殴る、蹴る、叩く、たばこの火を押し

付ける、熱湯をかける、冬に戸外に締め出すなど、身体に外傷が生じ、または生じるおそれのある暴行を加える行為[1]。

2）性的虐待

子どもへの性交やわいせつな行為を強要する、性器を触るまたは触らせる、子どもの裸体の写真やビデオを撮るなどの性的な人権侵害行為。

3）ネグレクト

十分な食事を与えない、病気になっても病院に連れていかない、乳幼児を車中に放置する、同居人や自宅に出入りする第三者による虐待を放置するなど、必要な監護、対応を行わないこと。

4）心理的虐待

言葉や態度による脅かしや、無視をする、きょうだい間で差別的な扱いをするなど、心理的外傷を与える行為。

子どもに直接行われる行為のみでなく、配偶者や家族に対する暴力や、他のきょうだいを虐待することも含まれます。

虐待の定義について、よく、しつけ（懲戒）との違いが問題とされます。この点について、西澤哲は、「しつけとは、子どもの利益のためになされる行為であり、一方、虐待とは、親などの子どもの養育者が自らの利益のためになす行為であって、両者はまったく異なるもの」であり、行為の量的な差異の問題ではないと説明しています[2]。大人の理屈ではなく、あくまでも子どもの立場に立ち、子どもの側から虐待を理解することが必要です。

2．子ども虐待の捉え方

虐待は、成長期にある子どもの身体的成長、知的発達、人格形成に深刻な影響を与えます。そうした影響は、学校生活を送る子どもにおいて、例えば、以下のようなハンディとして表れます[3]。

①大人との安定した信頼関係を築けない
　極端に甘えるかと思うと、些細な事で攻撃的になる。視線を合わせない。
②家庭等で受けた虐待行為の「反復」
　暴力、暴言を繰返す。「支配−被支配」という関係性を築いてしまう。
③感情や衝動のコントロールの困難さ
　一度興奮すると落ち着くまでに時間がかかる。自傷行為を繰返す。
④学習の遅れや学習内容の定着の困難さ
　何度教えても学習内容が定着しない。机の周囲にものが散乱している。
⑤食やモノへの異常なこだわり
　給食をガツガツと食べる。机やロッカーに食べ物の残りなどを溜め込む。
⑥侵入的、攻撃的行動の強迫的な繰返し
　教室などに侵入しモノを盗ったり壊したりする。万引きや盗みを繰返す。

もちろん、影響の表れ方は子どもによってさまざまです。非常に強く表れる場合もあれば、目に見える影響がほとんど見られない場合もあります。

学校側からすると、上記のような行動を取る子どもは、「厄介な子」「困った子」として捉えてしまいがちです。しかし、虐待が、全人格を否定される想像を絶する苦しい体験であることを理解し、表面的な問題行動にとらわれることなく、背後にある問題に気づき、理解し、支援につなげていくことが求められます。

一方、虐待が起こると、「大人になりきれていない、いい加減な親が子育てをしているからだ」と、保護者の資質・能力に原因があると考えてしまうことも多くあります。しかし、虐待はさまざまなリスク要因が重なり合って起こるものであり、貧困や孤立など、保護者が置かれている困難な環境にこそ問題があると捉えるべきです。保護者を否定的に捉えるのではなく、保護者の困難に寄り添いつつ、子どもと保護者との関係を支えていくという視点が大切です。

3．学校の果たすべき役割

学校は、「すべての子どもに関わることができる」という点において、他の機関では果すことのできない、重要な役割を担っていると言えます。児童虐待防止法において、学校および学校の教職員には、以下のような役割が課されています。

- 児童虐待を発見しやすい立場にあることを自覚し、児童虐待の早期発見に努めなければならないこと（第5条1）
- 児童虐待の予防その他の児童虐待の防止並びに児童虐待を受けた児童の保護及び自立の支援に関する国及び地方公共団体の施策に協力するよう努めなければならないこと（第5条2）
- 児童及び保護者に対して、児童虐待の防止のための教育又は啓発に努めなければならないこと（第5条3）
- 児童虐待を受けたと思われる児童を発見した者は、速やかに、これを市町村、都道府県の設置する福祉事務所若しくは児童相談所又は児童委員を介して市町村、都道府県の設置する福祉事務所若しくは児童相談所に通告しなければならないこと（第6条）

こうした役割は、一人ひとりの教員はもちろんのこと、組織としての学校にも課されていることを押さえておく必要があります。組織的に対応できる校内の体制づくり、連携協力体制の構築が求められます。

学校は、子どもの生活面にも注意を払いながら、虐待の早期発見に努めることが求められます。その際、学校が、体罰が行われるような暴力的・支配的な場所ではなく、子どもにとって安心・信頼できる場所であることが重要となります。そうした安心感があってはじめて、子ど

もは自分の虐待体験について打ち明けることができ、その後の（保護者も含めた）ケアにつなげていくことが可能となります。また、虐待を防止するための教育・啓発という意味でも、学校が暴力的ではない環境であることは重要な意味を持ちます。

　早期発見をはじめ、通告を含めた対応、ケア、予防など、虐待に対し学校は多くの役割を果たすことができるという点を、改めて確認する必要があります[4]。私達、子どもに関わる一人ひとりが、子どもを守るために重要な役割を担っているのです。

〔註〕
(1)　近年、保護者が子どもを意図的に病気にしたり怪我をさせたりし、医療機関への受診を繰り返す、「代理ミュンヒハウゼン症候群」が問題となっています。こうした行為も、身体的虐待に含まれます。
(2)　西澤哲「しつけと虐待の境目－親による体罰を考える」、『児童心理』64巻13号、2010年、p.98。
(3)　文部科学省「児童虐待防止と学校（研修教材）」、2009年。
(4)　岡本正子ほか編著『教員のための子ども虐待理解と対応』生活書院、2009年。

2 | 小学生のケース —ネグレクトを受けた兄妹への取り組み—

吉田卓司（藍野大学）

1．不登校による生存未確認

　小学4年生のハル（男児）は、前年度の冬休み前から欠席をはじめ、すでに3ヶ月以上、欠席を続けていました。これまでもハルは、数週間単位で、出席の続くときと欠席の続くときを繰り返してきました。また、欠席が続く期間も、学年があがるにつれて長期化していました。

　1、2年生のころは、母親から電話で欠席連絡もありましたが、3年生の頃からは、保護者や本人からの欠席連絡がほとんどなくなり、学校からの電話にも応答しなくなっていました。さらに4年生になってからは、家庭訪問をしても、本人も保護者も出てこず、話ができない状況が続いていました。そのため、4年時の担任は、自宅のポストに置き手紙をしたり、FAXで学校からの連絡を伝えるのが毎日の日課となっていました。

　母親からは、週に1、2度、FAXで連絡がありました。そのFAXには、「3年生のときに同級生からいじめられたので、4年になっても学校に行きづらくなっている。本人も、『学校に行きたく

ない』と言っているし、私も『無理に登校する必要はない』と思っているので、学校から電話をかけてこられたり家庭訪問をされると精神的にしんどいので、やめてもらいたい」という学校への要望や、「本人は、家で勉強している」などの「近況報告」が記されていました。しかし、学校としては、本人の顔を見ることも声を聞くこともできず、指導どころか生存確認さえできない状態でした。

　母親のFAXに記されていた「3年生の時のいじめ」とは、昼休みに友達との「ボール遊び」で数人の児童に攻められてハルが負けたことがきっかけになって生じたトラブルです。しかし、その後、担任の指導や保護者への説明、友達との和解の機会もあって、このトラブル後もハルは以前通り登校し、その友達と一緒に遊んだり話をしていました。そのような事後状況の経過観察から、いじめが不登校の原因とは考えにくかったのです。

2．ハルの家庭状況

　ハルの家庭は、母と妹アキ（3歳）の3人家族で、近隣に母方の祖父が、母の

弟（ハルの叔父）夫婦と一緒に暮らしています。

ハルの家族を案じた祖父からの情報によると、「ハルの母は、精神疾患の治療中で、病状の増悪期は、買い物や通院など、家族以外の人と出会うことも困難になる。そのため、食料や生活必需品は、玄関先に置かれたメモに従って、祖父らが買い物をしている。また、治療薬も祖父が代理で受け取ることが多い。しかし、ここ数ヶ月ハルの母の精神的落ち込みが激しいようで、ドア・チェーンによる施錠のため、合鍵をもつ祖父でも家の中には、入ることができない。家の中の状況は、詳しくわからないが、食事等は、ハルがパンやお菓子などを自分で開封して食べ、妹にも食べさせているようだ。けれども、数日前に家のなかを窓越しに窺い見たところ、子どもたちは痩せてきているように感じる。また、その時、たまたま窓の近くにいたハルに声をかけて、様子を聞いてみると、『起きているときも、ふとんでごろごろしている。体調が悪く、余り食べていない、勉強はすすんでいない』といった返事がかえってきた」とのことでした。

3．虐待通告とケース会議

学校では、祖父からの情報提供をうけて、校内で管理職、ハルの担任を含む同学年担当教員、養護教諭、スクールソーシャルワーカーで校内ケース会議を緊急に行い、校長を通じて要保護児童対策地域協議会（以下、要対協）に児童虐待防止法に基づく通告（ネグレクト）を行いました。

この通告を受けて、要対協は、すぐにハル宅を訪問して、ハルと妹アキの生存確認と生活状況確認を行いました。しかし、直ちに一時保護等の措置を児童相談所に要請する状況ではないが、同家庭の支援策と子どもの就学、保育環境の改善が必要と判断し、まず、要対協はハルに関するケース会議を開催しました。このときの参加メンバーは、要対協事務局、小学校の校長と担任、保健所保健師、生活保護ケース・ワーカー、教育委員会の生徒指導担当主事とスクールソーシャルワーカー、ハルとの面談経験のあるスクールカウンセラー等でした。

初回の要対協ケース会議では、それぞれの機関がもつハルの家庭に関する教育、医療、福祉上の情報共有と、当面の対応の主担当機関が決められました。ハルのケースについては、保健所が本ケースの主幹となり、ハルの家庭に対する訪問や見守り活動を、各機関が連携して行うことも確認されました。

そして、ハルの家庭における子ども虐待は、母親の精神疾患に起因するとのアセスメントに基づいて、母親に対する医療的支援を中心に、妹アキの保育所入所とハルの登校支援が行われることになりました。

次回のケース会議では、各機関の把握した情報を交換するとともに、以下のよ

うな具体的支援策（会議時には、一部実施済みの対応あり）を策定しました。保健所の精神疾患治療継続チームが祖父の協力を得て、母親を入院[1]させることにしました。次に、ハルの妹アキに対して、スクールソーシャルワーカーの支援（付き添い）の下で、保育所入所手続を進め、次々回からのケース会議には、保育所の保育士の参加も得ることとなりました。さらに、学校がハルについては、母親の入院中は祖父の家から通学できる体制をととのえ、母親の入院の間に、ハルが自立的に登校ができるよう指導を行うことなどが話し合われました。そして、以後問題が生じたり、状況が改善しない場合には、再度、対応策の再検討の場をもうけることが確認されました。

4．ケース会議後の機関連携が実って

　ハルの母親は、祖父につれられて久しぶりに通院したところ、主治医と祖父より入院加療を強く勧められ、直ちに入院することができました。その入院と同時に、ハルと妹アキは、祖父と叔父夫婦の下で、生活することになりました。たまたま祖父宅が小学校に隣接していたことから、その後ハルは、段階をおって順調に学校生活に復帰し、母が数ヵ月後に退院した後も、小学校卒業まで、長期の不登校状態に陥ることなく勉学に取り組んでいきました。

　もっとも、高学年になったハルは、発達障がい様の状態が見られたため、母親

と本人の同意の下、専門家による心理・発達検査をうけ、その検査結果をふまえて、学校側は、何度も、粘り強い、三者、二者面談を繰り返し、ようやく最終学年となる6年生のとき、ハルも母親も、特別支援教育への在籍（毎日1時間程度の通級指導）を受容し、教育面でのサポート体制がととのいました。また、ハルについては、スクールソーシャルワーカーの支援の下で、児童相談所で療育手帳交付手続きも完了しました。

　このケースのように、保護者または子どもに精神障害や疾病のある場合、子ども虐待の生じるリスクは、健常者に比して高くなります。しかも、その障がい受容や自分の病気に対する自覚が無い場合、または治療の必要性をあまり認識していないなどの理由から治療中断が見られる場合は、さらに対応が難しくなります。そのような場合、「本人、保護者のみならず家族、親族の助力を得ながら、関係機関の連携がどのようにすすめられるか」が問題解決の成否を決するといってよいでしょう。その際、今日では、個別に情報共有を図ろうとしても、個人情報保護の観点から、他機関が本人承諾なしに情報提供することは、原則としてなくなっています。

　実際に、ハルのネグレクト・ケースでも、市職員や保健師は生活保護と医療継続のために母親と面会はしていますが、子どもが長期の不登校状態に陥っている

ことは、初回のケース会議まで知りませんでした。逆に、学校等教育関係機関は、母に関する診断や治療の経過はもちろんのこと、母親が治療継続の公的支援の対象になっていることも知りませんでした。また、今後の治療継続の支援計画についても、ケース会議なしには全く知ることができない状況でした。そして、就学前の幼児の保育環境改善についても、スクールソーシャルワーカーとの連携があってこそ、アキに対するケアが実現できたといえます。

　その意味では、今日ほぼ全国に設置された要対協を通じてケース会議を開催し、個々のケースについて情報共有と連携が図れることは大きなメリットです。

　子ども虐待防止等の要保護児童に対する福祉の実現のために、スクールソーシャルワークの活用と要対協の活性化がより一層望まれます。

〔註〕

（1）　精神保健福祉法の定める精神障害者の入院形態には、いくつかの類型があります。入院の基本形態は、本人の同意に基づく「任意入院」ですが、その他に患者本人の同意に基づかない入院形態として、「措置入院」、「緊急措置入院」、「医療保護入院」、「応急入院」があります。ここで紹介した事例では、本人の同意を得られない可能性があったので、「医療保護入院」を念頭にプランニングが行われましたが、本人のみならず家族の同意を得ることも困難なケースでは、「措置入院」等の手続を想定することになります。

　「医療保護入院」とは、自傷他害のおそれはないが医療及び保護が必要な患者の入院を、家族等の同意の下に専門精神保健指定医の診断に基づいて行う入院形態です。

　「措置入院」とは、自傷他害のおそれがある場合に、本人や家族等の同意が得られなくとも、精神保健指定医の意見に基づき、都道府県知事による行政措置として、強制的に入院させる制度です。

　「緊急措置入院」、「応急入院」も含めて、このように患者本人の同意なしに入院を強いる場合、人権保障の観点から、一定の条件や入院（退院）手続が法定されています。例えば、精神科の臨床経験があり、専門的な研修を受けた精神保健指定医による診断を必須条件にするなどがその条件の一例です。

15

3 | 中学生のケース
―不登校に悩むケンへの家庭支援―

長田大嗣（吹田市教育委員会チーフスクールソーシャルワーカー）

1. 家族の不和

　前兆があったのは、ケン（男児）が小学6年生で夏が過ぎた頃でした。遅刻が増え、週に数回の欠席が目立ち始めたのでした。それまで友達関係や学習は良好、放課後は多くの友達とサッカーやゲームをして楽しむような活発な男の子でした。しかし、秋頃から、家庭の経済的な困窮、両親間の不和が深刻化し、家庭から余力と将来の展望を奪っていきました。精神疾患を患う母親は、日々の生活のやりくりと父親との対峙で疲弊していきました。気づけば「あんたなんか産まんかったらよかった」とケンに吐き捨てることも珍しくなくなっていきました。家庭内の生活リズムが乱れ、荒々しい言葉が飛び交う中、ケンは地域の中学に進学しましたが、新しい環境になじむ機会もなく、自室にこもるようになりました。

　私がスクールソーシャルワーカーとしてこのケースと出会ったのは、さらに一年後のことでした。初出勤の日、初めて校長先生と挨拶をしたその足で、隣の会議室に呼ばれ、ずらりと並ぶ関係者の輪の端に座ることになりました。総勢15名、中学校の先生方はもちろん、3年生の妹が所属する小学校の先生方、母親の福祉サービスを担当する障害福祉課、地域の相談支援員、ヘルパー、そして私スクールソーシャルワーカーでした。このような連携ケース会議は、X市では適宜実施されていますが、それらの円滑な運営や学校とのコーディネートもまたスクールソーシャルワーカーに期待される役割です。私は席につき、協議に耳を傾けました。

　議論の中心は、両親間の関係悪化とそれに伴う母親の疲弊、そして子どもたちへの影響でした。実際に家庭訪問を行っている地域の相談支援員とヘルパーからは、家事もままならずその日暮らしになっている様子が報告されました。食器は流しに積まれるばかり、食卓はものにあふれ、母親と一緒に掃除をすることが第一の支援でした。親子のコミュニケーションは益々すれ違ってゆくばかりで、ケンは自室でひたすらゲームに向かい現実から意識を遠のけていきました。相談支援員が話しかけるも、ケンは心の奥の

方に感情を隠して、一言二言答えるのみでした。かしこまり敬語を使って話す姿に、長期的な支援の必要性を感じたといいます。相談支援員は、親子の間に入り、お互いの気持ちの「通訳」をすることで家庭のエンパワメントをはかることを第二の支援としていました。母親からは、苦悩の中、暴言の裏にも子どもを大事に思いたい気持ちがあることを、ケンからは、自室でこもりながら誰よりも家庭のことを心配していることを引き出して、紡ぎだして、お互いに伝えあうように促してきました。ケース会議の参加者は、ケンの家族が今分岐点にあることを共有し、①キーパーソンとなる母親のエンパワメントの継続、②子どもたちには登校支援ではなく家庭訪問による情緒的な支援を実施していくことをプランニングしました。

2．疑心の壁

　ケンの事例を追いつつ、もうひとつ取り組むべきミッションがありました。スクールソーシャルワーカーの役割を校内の先生方に周知することでした。X市でスクールソーシャルワーカーが中学校区ごとに配置されたのは、私がこのケースに関わりはじめた年が初年度でした。現場の先生方の当初の反応はもちろん、「スクールソーシャルワーカーって何？スクールカウンセラーと何が違うの？役に立つの？」でした。何より先生方にスクールソーシャルワーカーの役割と活

用方法を知って頂くことが第一ステップでした。

　まずは、スクールソーシャルワーカー担当の先生との連携。これなしには何も始まりません。幸い、ケンが通っているY中学校では、児童支援コーディネーターという役職を担ったZ先生がおり、支援が必要な子ども・家庭の情報を日々集約してくださっていました。生活環境が厳しい家庭の多いY中学校区で長年この役職についておられるZ先生。こども支援のために使えるものは使い、ひとつでも多く可能性を、少しでも早く有効な支援の手を、と熱い思いを持っておられる方でしたので、初めてお会いした日から意気投合、それから朝でも夜でも連絡を頂けるようになりました。

　職員会議や校内支援委員会は、貴重な情報集約と支援プランニングの場。校長先生とZ先生に是非とも参加させて下さいと嘆願し、職員会議でご挨拶とスクールソーシャルワーカーの役割についてミニレクチャーを実施。またY中学校では校内支援委員会を毎月1回ずつ、前半30分を情報共有に、後半60分をケース会議に設定していました。少ない時間で情報共有から支援プランニングと役割分担まで。現場で生み出された効果的なシステムでした。私も定期的に参加させて頂き、校内チーム支援、さらには関係機関連携の足場が確保できました。

　家庭訪問や医療機関に同行したり、ケース会議に参加したり、ひとつふたつ

17

と実際に先生方と一緒に動く機会が増えていきました。当初職員室にあったスクールソーシャルワーカーへの疑心の壁が、「スクールソーシャルワーカーは使えるかも」という雰囲気に少しずつ変わりつつあるかなと感じつつ、あっという間に夏が過ぎていきました。

3．ターニングポイント

　ケン家の転機が訪れたのは、少し寒くなってきた秋でした。母親が父親と離婚し、子どもたちを引き取ることを決意しました。相談支援員、障害福祉課の関わりから、生活保護にスムーズにつなぐことができ、家族を経済的に支える支援が加わりました。とはいえ、親子関係は改善せぬまま、ケンは自室にこもったままでした。妹も、断続的に通うことができていた小学校に足が向かなくなってしまいました。子どもたちの様子を見て、母親は苛立ち、どうして良いかわからず、暴言を吐くしかありませんでした。

　私は、家庭訪問を続けていた中学校のZ先生から現状を聞きました。「ケンの支援どうすれば…今できることないですかね…」。先生の切実な思いが伝わってきました。学校現場においてケースを動かすのは、こうした先生方の思いです。私は、ひとまず小中連携ケース会議を開いて現状を整理することを提案しました。こども支援コーディネーター役の先生がすぐに小学校への声かけと日程調整をして下さり、翌週に皆さんで集まりま

した。その際見えてきたのは、①母親が新しい生活環境を整えることで精いっぱいになっている様子、②また相談支援員が母親との信頼関係を維持しており、母親への助言と子どもたちへの家庭訪問が継続できている点でした。虐待や家庭問題の支援をはかる場合、子どもへの支援はもちろん、親やつながっている人・機関など子どもを取り巻く環境への働きかけは不可欠であり、支援の突破口となり得ます。このケースでは、母親の何とか今の生活を維持・改善しようとする意思、起点になるキーパーソン。これらのリソース（社会資源）を活かせるのでは。自ずと、相談支援員と母親参加のケース会議開催のプランが提案されました。先生方の思いがひとつになった時、なんと力強いことか！　なんとアイディアにあふれたことか！　スクールソーシャルワーカーが校内・連携支援体制をコーディネートする醍醐味です。この思いが途切れないように、バラバラにならないように、一にも二にもコーディネート。その後すぐに相談支援員に電話連絡し、日程調整完了。あとは当日、相談支援員と母親が一緒に来て下さることを願うばかりでした。

4．母親の語り

　相談支援員と母親は、定刻より少し遅れて来られました。緊張した面持ちのまま着席。簡単な挨拶のあと、早速会議が始まりました。段取りどおり、母親と一

番面識のある小学校の児童支援加配の先生が、それぞれの現状を聞いていきました。小中学校の報告の後、いよいよ母親は相談支援員に促され、思いを語り始めました。秋以降生活に追われていること、十分に子どもたちと接する余裕もなく、育てる自信がなくなり、気づけば暴言しか吐けなくなっていること。自身も不登校から何とか自立の道を歩んできたこと、だから子どもたちが学校に行かなくても何とかなるという思い。昨年、当時の担任から「子どもたちの今の状態は母親のせい」と責められたこと。

一同は、静かに傾聴していました。ともすれば、心理的虐待とネグレクトを繰り返し、子どもたちを学校に行かせないだけにみえてしまう母親像。語られたのは、これまで何とか生きてきた女性の姿、状況変化に翻弄されながら今を生きようとしている女性の姿、そして子どもに向けている言動が不適切・不十分であることを痛感しつつもどうすれば良いのかと苦悩する母親の姿でした。

私は、率直な思いを語ってくださった母親に感謝を伝えました。そして、今もこれからも、お母さんひとりではないこと、学校も支援者も地域もチームで支えていくことを伝えました。すかさず、子どもたちが何かにやる気になったり、人と関わってみたいと思えるようなきっかけづくりのために学校や先生を使って下さい、とこども支援コーディネーターの先生。「そんな関わり、してもらってい

いんですか？」と母親。「もちろんです！」と小中学校の先生方。見えない不信の壁が打ち解けた瞬間でした。そして、それは当の母親も子どもたちへの支援チームの一員となった瞬間でした。

当事者が思いを表現できる場、関係者間のパートナーシップの構築と方針の共有、当事者の主体的な支援参加の促進。これら保護者参加のケース会議のメリットが効果的に作用し、以下のような改善に向けてのプランが自然と挙げられていきました。①小学校は、家庭訪問を中心に妹とのコミュニケーションを継続して、情緒的安定と母親の負担軽減をはかる。②中学校は、同じく家庭訪問を中心にケンとのコミュニケーションを継続する。またケンと同級生らとのつながりを活かして交流をはかる。③相談支援員は、母親と親子コミュニケーションについて勉強会をする。また生活の見通しを母親と一緒に計画する。④母親は、疲労感や焦燥感が溜まる場合、相談支援員や家庭訪問時に教員・スクールソーシャルワーカーに話し、子どもたちに直接ぶつけることを避ける。⑤ケース会議を月一回程度もって進行状況を共有する。

一度にすべてが改善というわけにはいかないけれども、少しずつ。その少しずつを母親参加のチームで取り組めることを確認できたことが、このケース会議の何よりの収穫でした。

5．変化は、少しずつ

　子ども、親、そして両者の関係性もまた、虐待によって傷ついています。いつの日からか繰り返されてきた不信と不安のコミュニケーション。子どもを大事に思いたくてもうまくいかないことに苛立ち、悩み、余裕がなくなる母親。また暴言を吐いている自分に気づき自己嫌悪に陥ることの繰り返し。一方、思いが伝わらず望みをなくす子ども。大切にしてほしいのに聞こえるのは傷つけられる言葉ばかり。本当の気持ちが何なのかさえわからなくなる。暗黙のコミュニケーションパターンは繰り返されるたび強固になり、両者の本心とかけ離れていく…。

　「どうすればいいんでしょうか…」「親子関係って治せるんでしょうか…」と母親が語ったのは、第5回ケース会議の時でした。生活に見通しができつつある今、母親は親子の課題に目を向け始めていました。

　自身も虐待に近い環境で育ってきたことを語ってくれました。親の気まぐれな暴言に耐えひとり強く生きてくるしかなかった、信頼と安心に満ちたコミュニケーションを学ぶ機会がなかったのでした。私は、愛着を深めるコミュニケーショントレーニングのワークショップをやってみようと提案しました。それは対象者と愛着対象の相手が安心してコミュニケーションをはかれるようにトレーニングする方法で、アメリカでは里親と里子の愛着関係を修復するセラピーで用い

られています。まずは母親が子どものニーズや思いの聴き方をスキルとして学びなおし、日常生活に活かすことで、親子のコミュニケーションパターンを変えられるかもしれないと考えたからでした。母親は大いに期待し、次回第6回ケース会議で実施する予定となりました。

　当日、参加者は母親に加え、小中学校こども支援コーディネーター2名、スクールソーシャルワーカー、そして障害福祉課、相談支援員も駆けつけてくれました。すっかりチームの連帯感が漂う中、まずは私から解説編を20分。親子関係すなわち「愛着」は、まさにその両者の相互コミュニケーションの中で徐々に構築されていくこと。特に親側の反応の仕方が子どもの心と体、そして脳に大きく影響すること。「愛着」は自身・他者・世界観への安心感・肯定感を育てる基地であること。何より、「愛着」は何歳になっても修復できること。「へぇ〜、なるほど」と母親。

　次に、愛着を深めるコミュニケーショントレーニングの解説。特徴は話し手と聴き手が膝をつけ合わせて向かい合うこと。安心して話せる・聞ける方法とは、①聴き手が話し手の話す内容をそのまま聴く。②解釈を入れず、聴いた内容と汲み取れた気持ちを話し手にフィードバックする。③話し手はさらに、フィードバックを聴いて感じたことを聴き手にフィードバックする。被虐待体験者や愛

着に課題のある人は、こういった率直で安心できるコミュニケーションのかわりに、気持ちを否定されたり、強制されたり、無視されるコミュニケーションを学んでしまっていることがあります、と注意事項。細やかなルール説明の後、聴き手・話し手・観察者一組になって早速トレーニング開始。

　お題の「最近子育てで印象に残ったこと」に合わせて、話し手の小学校の先生が喜々と愛息の成長を語ってくださいました。聴き手の中学校の先生が絶妙の相槌とリアクション。母親は観察者として相互コミュニケーションを見守ります。観察者が客観的にコミュニケーションを見て・感じて、良い点・悪い点を学ぶことができる点もこの方法のメリットです。お互いに安心して話ができたことをフィードバックし、役割交代。

　続いて母親が聴き手に。中学校先生もまた愛娘の愛くるしい様子を語ってくださいました。「質問していいですか？」と母親。そして「私の場合は…」と、しばしご自身のお話。ついついやってしまうパターンです。「あ、これって私の話…」と我に返りました。同じパターンで子どもとも話していることを振り返れたことは、母親にとっては大きな気づきでした。

　そして今度は母親が話し手に。これまでの様子とうってかわり、少し重い空気になっていきました。母親が語ったのは、ケンとのちょっとしたコミュニケーションから苛立ってしまったというエピソードでしたが、「何と言っていったらいいのか…」と次第に言葉に詰まってしまいました。もちろん、愛着を深めるコミュニケーショントレーニングなので、これでOK。聴き手の中学校先生から、苦慮されている気持ちが伝わってきたとフィードバック。その瞬間、母親は表情が和らぎました。「そういって頂いてとても癒されました」と。内容にあわせて感情のフィードバックと相互作用による安心感。これこそが愛着コミュニケーションのポイントなんですと、私。「こんな風に子どもたちの話を聴いて、話したこと今までないです。自分の親にもされたことなかった。」と母親。その言葉がとても重く、それでも今から変えていこうとする母親の姿が力強く感じられました。もちろんその旨を私から母親にフィードバック。日常での応用が難しい場合には、子どもたちと一緒に料理や食事などをしながら試してみてはと、皆さんでプランニングしました。

6．鍋の温かさ

　冬が来ました。「今年は寒さが早く来ましたね」などと、先日のケース会議で話していました。思いがけず、母親から報告がありました。「この前、鍋つくって3人で食べたんですよ。その後子どもが鍋洗ってくれて。ケンもおいしいと言いながら笑顔でした」。参加者の皆さんから拍手が湧きました。料理が嫌いで宅

配がほとんど、生活リズムが違うせいで食事は皆ばらばら、たまにつくったときには台所に洗い物の山。食事はケン家の不和の象徴でした。「自然と買い物にいって、鍋にしようと思って」。その姿を子どもたちは見ていたでしょうか。感じていたでしょうか。どれだけ待ったことでしょうか。次はいつになるのか気がかりでしょうか。それでも、その日の鍋はケンと家族皆の心と体を温めたに違いないと、私は思いをはせるばかりでした。その会議での支援プランは、週一回鍋料理をしてみる、になりました。

　虐待問題への支援には、予防支援、危機介入、そして長い長い事後支援があります。ケンの場合は、積み上げられてきた家族歴と生活苦に追われ、結果的に虐待・ネグレクト環境とグレーゾーンを右往左往するケースでした。実際、地域から虐待通告があり、X市の要保護児童対策地域協議会にも要保護ケースとして挙げられました。こういった市のシステムとの連動、関係機関との連携は、支援に不可欠となっています。そしてこれらと学校がチームとなった時、地域を挙げて家庭の再生を支援することができるかもしれないと、私は感じています。もちろんケンの事例はこれで解決ではなく、ケン・妹の不登校状況の改善、学習の機会の確保、進路保障、母親の精神的安定の維持などは積み残されており、現在も支援を継続中です。それでも、地域や関係機関、学校、そして母親がチームとなっている今、虐待という最悪のリスクを最小化し、次のプランを見いだせる状況にあることは一番の希望であると感じています。少しずつ少しずつ、より良い方向に。これからもチームの皆さんとともに。

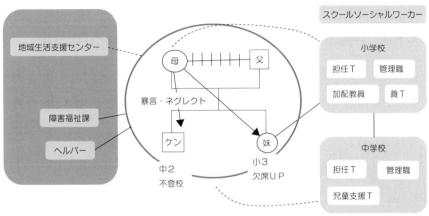

〔エコマップ（第1回ケース会議）〕

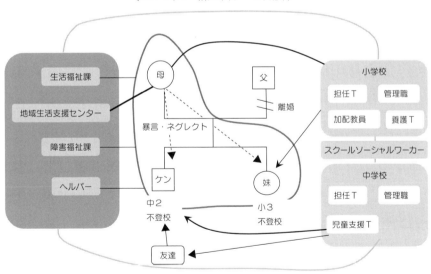

〔エコマップ（第6回ケース会議）〕

村上祐介（元自立援助ホームスタッフ）
正津房子（元神戸市児童相談所職員）

4 | 高校生のケース
―自立援助ホームにおける麻衣子への支援―

1．児童でも、成人でもない18歳

「麻衣子が、リストカットしています」と知らせて来たのは、クラスメイトで友人の陽子でした。高校2年生より引き続き担任となった徳永は、麻衣子の不調には気付いていましたが、「顔色悪いけど、大丈夫か？」と尋ねても、返ってくるのは、いつも「大丈夫です」の言葉のみ。制服の下に切り傷があることには、気付くことができませんでした。

翌日の昼休み、麻衣子と面談すると、いつもとは明らかに様子が違います。何を聞いても終始下を向いたまま。昼休み終了のチャイムが鳴り響く頃、本人からやっと出てきた言葉は、「家から出たい」でした。複雑な家庭であることは聞いていました。躾と称して夜中まで長時間の正座をさせられたという話や、昼食を抜いていることが度々あることを合わせて考えると、予想外に深刻な事態である可能性も考えられました。

学年主任と校長に報告・相談した末、児童相談所に赴いた徳永は、職員から意外な事実を知らされます。麻衣子は満18

歳を超えており、児童ではないので、児童相談所の対象外。しかも、20歳未満は成人ではないので、婦人保護の対象でもないということでした。「市の担当部局と連携して、対応を考えます」という言葉を職員から取り付けたものの、期待していた麻衣子の保護は叶いませんでした。

2．自立援助ホームへ

麻衣子を保護してもらえる場はないだろうか、と同僚に相談した徳永は、桜色のパンフレットを渡されます。「自立援助ホーム[1]　桜の家」。すがる思いで、訪ねてみることにしました。福祉行政や福祉施設に長らく携わってきた「桜の家」のスタッフは、説明を聞くと、麻衣子の置かれている事情を理解し、いくつかのアドバイスと共に、「面談が必要ですので、本人と一緒にきてください」と徳永に告げました。二日後、徳永は麻衣子と、麻衣子のたっての願いで付き添った友人の陽子を連れて、「桜の家」を訪ねました。面談の結果、心身の衰弱が顕

著であり、保護が必要であると判断された麻衣子は、「桜の家」に入所することになりました。

３．受け入れ後―明らかになる傷害―

　受け入れ当初、「桜の家」の住み込みスタッフである大野は、度々、驚かされることになります。麻衣子の食事量は大野自身の１／３程度の少食。野菜が駄目、茸が駄目、酢の物も苦手、激辛が大好き、と偏食が次々と判明します。暗いのが怖いため、寝る時も電気を付けたまま。朝方の４時頃まで寝付けません。ホームから受診した心療内科の医師から「解離性障害」(2)と診断された発作が３日に一度のペースで起こり、突然、怯えと呻きが現れます。また、「付き合っている彼氏に別れ話を切り出したら切られた（「桜の家」入所中の出来事であり、「桜の家」以外の人間との接触が無かった為、自傷行為であることが判明）」といって左肩の切り傷を見せ、爪でえぐったような傷を両腕に残す自傷行為が繰り返されます。本人はその間の記憶がないというのです。

　その後も大野の付き添いで心療内科を週一回のペースで受診しますが、麻衣子は医者嫌いとのことで、医者には何も話しません。「深刻なケースであり、時間がかかると思います。」と担当医師は大野に説明しました。

４．市との連携、親族との連携

　受け入れから約一カ月後、市の福祉事務所の仲介で麻衣子の叔母（実母の妹）と「桜の家」で連絡が繋がりました。通院の送迎は、叔母が車でするようになりました。自宅に置いたままであった荷物も叔母が持ってきてくれて、医療費も叔母から実母に請求。さらに一カ月後の夏休み中盤からは、土日は叔母宅で過ごすことになりました。元気な姿の麻衣子しか見ていなかった叔母は、当初、心療内科に通わせることに疑問を持っていましたが、叔母宅でも自傷行為を試みたところを姪が発見。涙ながらに制止していたのを目撃して以来、叔母は通院が必要であることを理解しました。麻衣子の情報は、叔母を介して、祖父母（母方）にも伝えられ、９月末からの土日滞在は、福祉事務所の職員のアドバイスに沿って、経過を見ながら叔母宅から祖父母宅にウェイトを移していきました。一方で、麻衣子の実母や再婚相手の父、弟についての近況は市・学校・「桜の家」に、皆無といっていいほど伝わってきませんでした。

５．共依存のおそれ

　親しい友人である陽子は、毎日のように「桜の家」の麻衣子を訪ねました。職業訓練講座がある日は、自転車で共に登校し、共に帰ってきました。予定の無い日は、昼過ぎに来訪、夕方19時頃まで麻衣子の部屋で過ごしました。後に麻衣子

自身が語って判明するのですが、麻衣子自身は陽子を友達以上の存在、恋人と認識しており、スキンシップも受け入れてもらえる、甘えられる存在でした。しかし陽子にとって、麻衣子は親しい友人以上という認識はありません。保育士志望の陽子は面倒見の良いところがあり、断り辛い性格もあって麻衣子に合わせていたのです。陽子自身、心身が安定せず心療内科に通っており、麻衣子に頼られることで「共依存」になっていると考えられました。陽子の担当の医師、両親もそのことに気付き、陽子の心身が不安定になるとの理由で、二学期が始まる少し前、陽子は両親から、麻衣子と二人きりで会うことを禁じられました。

6. 卒業を目標に

　夏休みの間、麻衣子にとっては比較的穏やかな日々が続きました。その甲斐あってか、日に日に元気を見せ始め、食欲も回復してきました。自傷行為の頻度も下がり、「桜の家」のスタッフとも会話が増えました。麻衣子と生活を共にしていた住み込みスタッフの大野は、彼女の気持を尊重し可能な限り受け入れるようにしました。お菓子を作って振る舞ったり、冗談を言える余裕も出てきました。ゆっくりではあるが、総じて回復傾向にあり、二学期は順調に進むと思われた10月初め、一週間ぶりに泊まり込みの手伝いに来た、「桜の家」スタッフの後藤は驚きました。元気な麻衣子が平日の

昼間、部屋に籠ってゲームをしているのです。住み込みスタッフの大野に近況を尋ねると「最近、担任の徳永先生が冷たいので、欠席して心配させたいらしい。今日で三日目。10日まで休む予定なんですって。私としては、寄り添ってあげたい」。一学期の欠席日数から、卒業が難しくなっているのを担任や学年主任から説明されていた後藤は、「このままでは、まずい」と瞬時に思いました。本人の希望、親族の希望、学校の先生方の希望は、立場は違えども卒業で一致しています。スタッフと情報を共有し、大野に説明し、かつ麻衣子にも納得のいく説明をしなければ、と思案しているところで、電話が鳴りました。

　「担任の徳永ですが、後藤さんですね。おひさしぶりです。麻衣子さんが欠席を続けているので、お電話さしあげたのですが、麻衣子さんはお元気でしょうか?」「はい、元気は元気なんですが、先生に心配させたくて休んでるようで…」ここで、二階から降りて来た麻衣子と鉢合わせ。後藤を睨む麻衣子。後藤は「後で大野から折り返し、お電話差し上げます」と伝えて電話を切りました。「あれだけ秘密にしてください、と言ったのに!」と言い放った麻衣子は、足早に階段を駆け上がり自室に籠りました。後藤は、感情が高ぶっている麻衣子が落ち着くまで待つとして、まずは大野に説明を試みました。「本人の気持ちに寄り添うのが私のポリシー」と訴える大野

に、学校や家族、そして何より本人に卒業したいという目標があり、それを支えるべきではないかと説明をし、了承を得ました。その後、後藤は麻衣子の好物であるストロベリー・フレーバーの紅茶とポテトチップを持って麻衣子の部屋へ。「ちょっと話してもええやろか？」と尋ねると、「どうぞ」とドアが開きました。

　後藤は、茶菓子を差し出し、麻衣子が落ち着いているのを確認すると、欠席理由を先生に秘密にしていたことを知らなかった件をまず詫びました。そして、それでも先生に説明しなければならない理由を話しました。卒業に必要な出席日数に余裕が無いことも説明し、「麻衣子さんは、今年、卒業したい？それとも別の方法を探そうか？」と尋ねました。麻衣子の答えは「今年、卒業します。明日から学校に行きます。」後藤は、「僕も大野さんも、「桜の家」の他のスタッフも、どんな目標であれ、麻衣子さんの決意を全力でサポートする」と伝え、紅茶で乾杯を交わしたのでした。

7．本人の頑張りと周囲のサポート

　翌朝、大野と後藤が朝食を作っていると、麻衣子が洗面に降りて来ました。「昨日はよく眠れた？」「あまり」といういつものやり取りに続けて、「でも、学校は行きます。意地でも行きます。」と麻衣子は言いました。解離性障害の発作が出ること、人の多いところに出ると不安から苦しくなるパニック障害の一種で

ある広場恐怖[3]の発作が出たことを考慮し、大野と麻衣子のバス登下校が始まりました。人混みに入ると気分が悪くなりがちなので、ヘッドホンをして好きな曲を聴き、好物のパイナップル飴を舐め、気を紛らわせながらバスに乗るのでした。それでも、麻衣子が苦しくなるときは、バスを途中下車し、時間のあるときは徒歩で、遅刻しそうなときはタクシーを使うこともありました。

　学校に着くと、麻衣子がまず向かうのは保健室。「おはよう」と養護教諭が迎えると、麻衣子は鞄を置いて抱きつきました。幼子のようにじゃれる麻衣子に、養護教諭は、「昨日は眠れた？」「ごはん、食べて来た？」と体調を聞き、「今日の予定は？」と確認をして、「そろそろ教室に行く時間、いってらっしゃい。」と送り出します。

　教室での麻衣子は、寝不足のせいもあって覇気がありません。授業中、机に伏したまま寝てしまい、叱られることが何度もありました。事情を知って配慮する先生がいる一方で、「他の生徒に示しがつかない」という理由で厳しく指導する先生もいました。

　休み時間や放課後になれば、麻衣子は保健室に舞い戻り、養護教諭に甘え、友人の陽子とじゃれ合う。教室で耐え、保健室で癒され、「桜の家」で回復するというサイクルでなんとか二学期を乗り越えたのでした。

8．広場恐怖の克服

　後藤は、冬休みのうちに確かめておき
たいことがありました。麻衣子が人混み
に入って行けるようになるのか、という
ことです。

　11月末、後藤は、大野の代理で麻衣子
を迎えに高校に行った折、次のバスまで
の待ち時間を利用し、麻衣子の希望で、
ショッピングモールで一緒に食事をした
ことがありました。金曜日の夕方で人通
りが多い中、麻衣子は不安な表情を示す
どころか、好物の辛いラーメンを美味し
そうに平らげ、上機嫌でバスに乗り込み
「桜の家」に戻ったのです。

　本人の興味のあることから慣らせば、
広場恐怖の発作が起こらず、行動範囲も
広がるのではないか？という期待が、後
藤にはありました。慣らして行動範囲を
広げれば、麻衣子の自立にプラスになる
のではないか、という提案に、大野も頷
きました。

　後藤は、比較的人出の多いであろう日
曜日を選び、散歩をしながら、麻衣子が
好きな漫画を覗きに駅前の本屋へ、好き
なアーティストのポスターがある化粧品
コーナーへ、好きな服があるという
ショッピングモール内のブティックへ
と、徐々に人が多い場所へと進みまし
た。「人が結構いるけれど、大丈夫？」
と後藤が尋ねると、「ぜんぜん大丈夫で
す。もう一軒、付き合って貰ってもいい
ですか？」と麻衣子。

　付き添いがあるという条件ではあるけ
れど、この様子であれば、一人で買い物
に行ける日も近いと確信した後藤は、も
う一つ、確かめておきたいことがありま
した。一人で電車に乗れるのか、という
ことです。

　初詣に行きたいという麻衣子を１駅先
にある神社に連れて行きます。問題な
し。ウインドウ・ショッピングがしたい
という麻衣子を３駅先にあるモールに連
れて行きます。これも問題なし。動物が
好きという麻衣子を乗り換え有りで９駅
先の動物園に連れて行きます。またまた
問題なし。「電車に乗る」ということに
限っては、問題がないようでした。次の
課題は、「一人で」乗れるかということ
です。

　休みを利用し、花火大会や美術館、動
物園に出かける等、「パニック障害」を
起こす麻衣子を、徐々に電車やバスと
いった公共交通機関に慣れさせるための
プログラムを実施しました。また、試験
勉強のフォローやパソコンを使っての文
書作成、家計簿のつけ方等の指導も実施
しました。入所当初は小食でしたが、好
みのものを中心に食欲を増進させ、体調
を回復させていきました。

9．自立に向けて

　二学期は必要出席数の関係でほとんど
休めない為、大野が自転車で伴走し、時
にはバスで通学しました。不調の際に
は、タクシーも利用し、出席日数を重ね
て行きました。三学期に入り、補講の

120時間とレポートを課せられましたが、本人の頑張りと学校の先生方、「桜の家」スタッフの献身的なサポートでなんとかこなし、3月上旬、クラスメイトと二人で出席する特別な卒業式を迎えることとなりました。

1月後半から卒業後の春休み期間は、新しく入所した女性2名と生活を共にすることになり、他人の言動を観察することによって、自らの言動を省み、麻衣子なりに気遣いをする習慣を身に着け、精神的な成長がみられました。

入所当初から、発作や自傷行為が繰り返し見受けられた為、再度、心療内科や外科に通院することになり、医療費は、母の姉である伯母を通じて、家族の保険を使いました。福祉事務所において、祖父母・伯母・母・学校サイド・「桜の家」関係者で話し合いが何度か持たれ、進路や卒業後の生活について話し合われました。本人は祖父母との相談の結果、翌年4月以降は祖父母宅に移ることを決めました。

麻衣子は、退所後も「桜の家」に立ち寄り、玄関に自作の絵を定期的に取り換え、近況報告をしてくれます。昨年秋頃、郊外のショッピングモールに正規採用され、今年は実家に戻り、食費を家に納め、残りは彼女自身が貯金通帳を管理する生活を計画していましたが、最近になって、実母が貯金通帳を管理していることが判明しました。麻衣子は「桜の家」の大野の協力を得て、二人で弁護士

を訪ね、預金通帳と身のまわりのものを確保しました。現在は希望する専門学校への進学を目指し、自立への道を歩み始めています。

10. おわりに

最後に、麻衣子への支援に対し、プラスに働いたと考えられる要因と、マイナスに働いた（働いている）と考えられる要因について、挙げておきます。

プラスに働いたと考えられる要因は、①危機的な状況を察知した担任から相談があったこと、②担任が本人、友人、同僚からの信頼を得ていたこと、③養護教諭が複数配置（ベテランと若い教員の2人体制）であり、保健室での対応が適切に取られたこと、④保健室、友人など癒しの存在があったこと、⑤福祉事務所の協力が得られ、庁内で家族、親族、学校との話し合いの場を度々持つことができたこと、⑥ゲーム、漫画、読書（スタッフが持ち込む本をよく読んでいた）、菓子作りなど、気晴らしする嗜好があったこと、⑦弁護士の協力が得られ、詳細に聴取した両親からの虐待の状況をスタッフが共有できたこと、⑧親族との連携がある程度あったこと、⑨初期の段階で医療機関に通え、思春期問題に通じた医師の助言を電話で得ることができたこと、⑩「桜の家」のスタッフが月1回ミーティングを開き、情報交換をして対応を検討し、各々の役割を果たしたことと同居していた大野の献身的な支えがあった

こと、⑪本人の性格が比較的素直で頑張り屋だったことです。

　逆に、マイナスに働いた（働いている）と考えられる要因は、①医療ケアを継続出来なかったこと、②金銭面についての取り決めが関係機関とほぼ出来なかったこと（「桜の家」が自腹で負担した部分が大きい）、③生活指導まで踏み込めなかったこと、④卒業後について、親族と協力関係が確立されていないこと、などです。

〔註〕
(1)　義務教育を修了した20歳未満で、児童養護施設を退所した子どもなど、家庭で生活することの難しい子どもを対象に、共同生活を営むホームで社会での自立に向けた支援を行う事業。児童福祉法に位置づけられており、2011年10月現在、全国に82箇所設置されています。
(2)　過酷な経験に対する自己防衛として、自己と感情が切り離され、ある期間の記憶をなくす、複数の人格を持つ、などの症状が表れます。
(3)　パニックの発作が起きることを恐れ、外出することが困難となり、社会生活に困難をきたす症状。

5 ｜ 学校における子ども虐待の予防・介入・支援

西野緑（関西学院大学非常勤講師／大阪府教育委員会スクールソーシャルワーカースーパーバイザー）

1．はじめに

　増加の一途を辿る子ども虐待のうち、約半数を占める学齢期の子どもは、通告しても8割から9割は在宅で援助を受け、地域の学校に通います。子ども虐待における学校の社会的役割は、ますます重要になっていると言えます。現実に、学校は一定年齢の子どもを把握し、子どもや家庭の変化に気づきやすく、子どもの発達を支援できる場として、多くの利点があります。

　本稿では、小・中・高校の事例（p.12～30）に対して説明を加え、事例を通して見えてくるものを整理し、子ども虐待に対する学校の役割と可能性を明らかにしたいと考えます。

2．小・中・高校の事例に対する解説

（1）　小学校のケース

　小学校のケースは、不登校の背景にある子ども虐待に対して、スクールソーシャルワーカーを含む校内チームが、通告により関係機関と連携して、子どもや家庭を支援したケースです。

　このケースの成功の鍵は、①スクール

ソーシャルワーカーを含んだ校内ケース会議を緊急で行い、アセスメントとプランニングを共有したこと、②子どもの安全確認ができていないことから通告に至り、要保護登録児童となったことで、機関を越えて情報共有が可能となり、関係機関と連携して子どもや家庭を支援できたこと、③スクールソーシャルワーカーが関わることにより、モチベーションのない母への支援と関係機関との連携がスムーズにいったことなどが考えられます。

　不登校であっても、子どもの安全確認ができているかどうかがリスクを見極めるポイントであり、安全確認ができない場合およびドアの施錠や子どもが痩せてきている等の気になる点があるときには、介入が必要であり、通告して関係機関と役割分担しながら家庭を支援することが重要です。特に、親の精神疾患がある場合は、障害福祉課のケースワーカーや保健所の精神保健チームの保健師との連携が不可欠です。また、就学前の弟妹がいる場合は、支援枠などを使って保育所への入所が可能であり、検診情報等が

ある保健センターの保健師との連携も必要です。関係機関と連携する場合、ともすれば学校は関係機関におまかせ状態になりますが、この事例では、発達障がい様の状態が見られるハルに対して、学校側がスクールソーシャルワーカーの支援の下で、児童相談所での療育手帳の交付や特別支援学級への在籍によるハルの個別支援体制を作っています。子どもの最善の利益を実践するスクールソーシャルワークの視点で学校が関わったことにより、このようなプランもスムーズに実現したと考えられます。

（2） 中学校のケース

　中学校のケースは、不登校の背景に家庭の経済的困窮、両親の不和、母親の精神疾患などの課題に対して、小中連携と保護者を含めたケース会議の継続により、子どもと家庭を支援したケースです。

　このケースの成功の鍵は、①スクールソーシャルワーカーの中学校への働きかけにより、スクールソーシャルワーカーを含む中学校での校内チーム支援体制が整ったこと、②母親と母親が信頼する相談支援員参加のケース会議により、母親の思いを教職員が共有し、一緒に取り組んだこと、③「愛着を深めるコミュニケーショントレーニング」の実践による母親の変化だと考えます。

　特に、当事者である母親参加のケース会議は、支援の大きなターニングポイ

ントとなります。ともすれば、「困った親」と見がちな教職員が親の語りを直接聴くことにより、「苦悩する親の姿」を痛感し、教職員の親に対する見方が大きく変化します。

　エコマップ（p.23）を見ると、母親や子どもたちと支援者とのつながりが増えると同時に、つながりも深くなったことがわかります。

（3） 高校のケース

　高校のケースは、法律の狭間にいる18歳以上20歳未満の自傷行為のある子どもを、担任、自立援助ホームのスタッフ、親戚の叔母や祖父母が、本児の高校卒業を目標に、協力して支援したケースです。

　この事例は自立援助ホームのスタッフを中心に支援が進みますが、クラスメイトの友人から本児のリストカットを聞いた担任の動きが支援の始まりとなります。担任が本児の話を聴き、しつけと称する長時間の正座や度重なる昼食抜き等から深刻な事態であることを察知し、管理職に報告・相談し、自立援助ホームを訪ね、本児の入所のきっかけを作ります。事例報告の中で、支援にプラスに働いた要因とマイナスに働いている要因について挙げてありますので、ここでは割愛しますが、学校は、早期発見・早期対応の役割も大きいと言えます。特に、子どもが担任や関わっている教職員に打ち明けやすい環境を作ることが重要です。

3．事例を通して見えてくるもの

（1）　子ども虐待の背景にあるもの

　教育現場では、子どもの行動上の問題が複雑化多様化していると言われていますが、いじめや非行などの生徒指導上の問題の背景には、子ども虐待や不適切な養育環境の問題が潜んでいる場合も少なくありません。家族状況の問題や混乱した家族内の人間関係で育つことなど、親が子どもに愛情を注ぐ力がなくなり、家庭が家庭として機能せず、子どもとして当たり前の生活が充分に保障されていない「虐待的養育環境」[1]は、子どもの成長・発達に著しい影響を与えます。

　しかし、子ども虐待は養育者の個人的な問題だけではなく、貧困ゆえに社会的に孤立するという社会的・経済的視点が不可欠です。行動上の問題により顕在化した子ども虐待に対して、学校は子どもの生命の安全確保とともに、子どもの成長・発達の保障にとって重要であり、学校の子どもや家庭理解が必要です。子どもの行動上の問題に対して、子ども個人だけではなく、友だち、先生、親、家族など子どもを取り巻く環境や子どもと環境との関係性を包括的に捉え、何がなぜ起こっているかを客観的に分析して、対応や支援の方法を考える必要があります。

（2）　校内のチーム支援

　学校は担任のみならず管理職、生徒指導担当教諭、養護教諭などに加えて、ス

クールカウンセラー、スクールソーシャルワーカーなどの異なる知識や経験を持った教職員集団が存在し、子ども虐待に対して組織的対応が求められています。子ども虐待は、校内のチーム支援が不可欠であり、①情報の集約を一元的に行なう「コーディネーター」役の教職員の位置づけ、②子どものことのみを集約的に話し合う「校内支援委員会」、③子どもの個別事例を話し合う「校内ケース会議」が必要です。

　校内ケース会議は、子どもに関わる校内の教職員や関係者が一堂に集い、各々が知っている子どもの思いやエピソード、家庭の状況、子どもと保護者・友だち・先生との関係性などを語り合うことによって、学校でバラバラに持っている情報が集約され、「何が起こっているのか」が共有でき、子どもや家庭理解につながります。特に、保護者参加のケース会議によって大きな変化が起こる場合も少なくありません。当事者と信頼関係のある誰かが一緒にいることで、当事者も安心して参加できるでしょう。

　今後は、子どもの人権尊重の視点から、子ども参加のケース会議で、子どもの思いを充分聴いたり、子どもと共にプランを立てたりする必要があると考えます。

（3）　関係機関との連携による支援

　常設型の子ども虐待防止ネットワークとして、「要保護児童対策地域協議会」

（以下、要対協）が法律に位置づけられています。市町村のひとつの部署が要対協の事務局を担い、各機関の調整と共に、虐待通告の窓口となりました。学校は家庭との関係が悪くなるのを怖れ、通告をためらう場合も見受けられます。しかし、通告には、①緊急対応時、迅速な対応が可能となること、②要対協の関係機関と一緒に見守りを行い、学校が気づかない環境の変化などを読み取ることが可能となること、③関係機関の守秘義務を越えて情報共有ができ、関係機関との連携により家庭への多様なサービスの提供が可能となることなどのメリットがあります。

　学校は日常的に関係機関と顔の見える関係を作っておく必要があり、学校が主体的に関わるための人材や校内体制の整備が不可欠です。

４．まとめ

　子ども虐待に対する学校の役割[2]は、子ども虐待防止の教育・啓発などの予防から、早期発見・通告、子どもや親への聞き取りなどの介入、日々の安全確認を含む日常的な支援に至るまでの継続的な支援です。また、子どもは家庭のしんどさを背負って学校へやって来るため、子どものみならず家庭を含めた包括的な支援が必要です。学校のチームとしての対応力を高め、家庭や関係機関との連携を進め、子どもの最善の利益に基づく活動を行うスクールソーシャルワーカーの活動の可能性は大きいと言えます。

　子ども虐待に対する対応や支援の目的は、人権侵害にあっている子どもの権利擁護であると考えます。自己と他者への信頼を奪われた子どもたちが、自分をわかってくれるおとなと出会うことは、子どもたちの大きな力になります。教職員をはじめとする様々なおとなの関わりが、虐待や虐待的養育環境にある子どもの人生を変える可能性は高く、子ども虐待に対する学校の役割は、益々重要になると言えるでしょう。

〔註〕
(1)　西野緑「虐待的養育環境にある子どもに対するスクールソーシャルワーク実践モデルの開発的研究〜 M-GTA の分析によるコーディネーターの援助プロセス〜」、『子ども家庭福祉学』第 8 号、2009年、pp.11-21。
(2)　西野緑「子ども虐待に対応する学校の役割と課題〜『育む環境(nurturing environment)』の保障を目的とするスクールソーシャルワークの可能性〜」、関西学院大学人間福祉学部研究会『Human Welfare』4 (1)、2012年、pp.41-53。

1 | 子ども虐待と児童相談所

土屋隆司（元神戸市北区保健福祉部）

　2019年度の全国各地の児童相談所への子ども虐待の通報件数は、18万件を超えました。また、連日のように子ども虐待で深刻な事態に陥る報道がなされています。子ども虐待とは何か、子ども虐待に対して児童相談所はどのような動きをしているのかを論じてみたいと思います。

　子ども虐待とは「保護者がその監護する児童に、身体に対する暴行・わいせつ行為・心身の正常な発達を妨げるような著しい減食又は長時間の放置その他の保護者としての監護の怠り・心理的外傷を与える言動等を行うことをいう。」（児童虐待防止法第2条関係）と定義されています。すなわち、18歳未満の児童に対して、保護者が行う身体的・性的・心理的虐待及び保護の怠慢（ネグレクト）を子ども虐待と呼んでいます。また、保護者が直接手を出さなくても、保護者以外の同居人による虐待行為から子どもを救わない、配偶者暴力を見せる等の行為も子ども虐待であると言われています。

　子ども虐待を発見した際の通報受理機関としては、児童相談所のほか、2004年の児童虐待防止法改正で市町村も加えられました。しかし、児童相談所が子ども虐待対応の中心的役割を担っているのは間違いありません。

　児童相談所とは都道府県及び政令指定都市などに設置されている子どもの諸問題に対する相談機関であり、全国に200箇所以上あります。相談内容としては、子どもの発達に関する障害相談や家庭養育が困難な子どもに関する養護相談、虞犯行為や触法行為等の非行相談、性格行動や不登校、家庭内暴力等の育成相談などがありますが、保護者からの相談に基づき援助が始まることがほとんどです。しかし、虐待に関しては、虐待をしている保護者からの相談というのは少なく、大半が近隣からの通報であったり、警察や学校、保育所などの関係機関からの通告であったりします。つまり、子ども虐待への対応は、保護者に相談意思があって始まるその他の相談とは違い、保護者の意思と関係なく児童相談所が介入していくのです。

　児童相談所が虐待の通告を受けると、所内で受理会議を行うことから始まります。受理会議では通告内容の詳細、子ど

もの所属はどこか、現在子どもの安全確認ができているかなどを確認し、アセスメントシートに基づく現状評価や緊急度などを判断します。そして、直ちに一時保護すべきか、いつ家庭訪問をすべきか、あるいは子どもの所属する学校等での見守りで対応できるかなどの介入方針を同時に検討します。保護者の管理下に置くことが、子どもの安全確保を図る上において問題があると判断された場合は、児童福祉法に基づき、児童相談所長の権限で保護者の同意なく一時保護します。また、一時保護中の通信や面会の制限を行うこともできるのです。

児童相談所がこのような対応をとっているにもかかわらず、子どもの尊い命が失われるなどの深刻な事件も頻発してい

ます。そこで、児童虐待防止法や児童福祉法、民法等の改正により、児童相談所の立ち入り調査権限の拡充や親権停止制度の創設等、児童相談所の機能が強化されてきているのです。しかし、このように児童相談所の権限が強化されても子ども虐待そのものがまったく無くなってしまうものではありません。子ども虐待については発生予防、早期発見・早期対応、虐待を受けた子どもの保護・自立に向けた支援など切れ目のない支援が行われる必要があります。すなわち、保健機関や医療機関、福祉機関、教育機関との連携により虐待のリスクが高いと思われる家庭を早期から把握し、継続的に支援することにより、虐待の発生や深刻化を予防することも重要なのです。

市町村・児童相談所における相談援助活動系統図

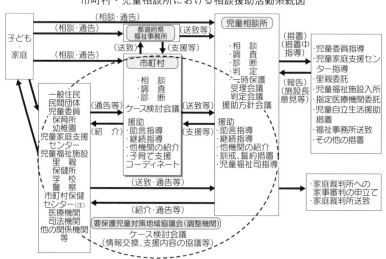

出所：厚生労働省雇用均等・児童家庭局長通知「市町村児童家庭相談援助指針について」
（雇児発第0214002号　平成17年2月14日）

2 児童自立支援施設から見た子ども虐待

樋口純一郎（神戸市立若葉学園）

　皆さんは「児童自立支援施設」という施設をご存知ですか？　ひょっとすれば、「教護院」と言った方が馴染みあるのかもしれません。先日、児童福祉関係の新任職員向け研修でお話しさせてもらったとき、「"児童自立支援施設"にどんなイメージを持っていますか？」という質問を投げかけてみました。返ってきたのは「暗い」「古い」「厳しい」とまるで三重苦（！？）のような回答で、わたしも十数年まえ学生時分に初めて見学させてもらったときは、いったいどんな感想を抱いただろうかな……とふりかえる機会を持ちました。

1．児童自立支援施設とは？

　「児童自立支援施設」は、児童福祉法に基づく児童福祉施設のひとつです。児童福祉施設には、家庭の事情や虐待などの理由で家に暮らすことのできない子どもが預けられる「児童養護施設」、その赤ちゃん版の「乳児院」、配偶者からのDVや経済的理由などで生活困難な母子が入所する「母子生活支援施設」（昔でいう「母子寮」）などがその代表格で

しょうか。

　そのなかでも、特に情緒的な課題（不登校やひきこもり、神経症など）を抱えた子どもたちの治療を目的にしているのが「情緒障害児短期治療施設」（略して"情短施設"と呼ばれます）、非行やその他環境から生じる行動上の課題を抱えた子どもたちの改善を目的にしているのが「児童自立支援施設」となり、同じ児童福祉施設のなかでも少し特殊な施設という位置づけになります。前者が主に内的な情緒面の課題を抱えている子どもに対しての「カウンセリング」や「プレイセラピー」といった心理療法に重きを置いているのに対し、児童自立支援施設は外的な行動上の課題を抱えている子どもに対して「生活訓練」や「学習指導」「スポーツ・作業体験」などの生活療法（環境療法）を主軸としているところに、特色上の大きな違いがあるといえるでしょう。

　児童自立支援施設は、実はもう100年以上もの古い歴史があり、明治の時代に創設され（当時は感化院と呼ばれていました）、現在は都道府県と政令市に設置

義務が課せられ、全国に58ヵ所あります。現在約1,500人ほどの子どもたちがこの施設で生活していますから、（施設によってバラつきはありますが）1施設につき平均30人ほどの子どもたちが生活していることになります。その約8割が中学生、約1割が小学生（主に高学年）、残り約1割が中卒年代（就労支援中の児童も、施設から地元高校に通う児童もいます）という内訳で、主な入所理由は「喫煙・飲酒・家出等」のぐ犯行為、「窃盗」「暴行」「薬物使用」「性非行」などの触法行為、一部家庭裁判所の審判を経て、保護処分として送致されてくる犯罪少年のケースもあります。

この施設に特徴的なのが「家庭的養育」という生活スタイルと、自然溢れる広大な敷地での生活体験です。家庭的養育を実践するために、古くから「小舎夫婦制」という勤務スタイルが取られてきました。小舎夫婦制とは、施設内に寮がいくつか点在しているわけですが、1組の夫婦（訓練を受けた専門スタッフ）が10名以下の子どもたちの父親・母親代わりになり、実子の子育てとともに、入所児童たちを養育していくスタイルです（ただし、この勤務形態の維持は難しく、昨今は全体の3割程度のみとなってしまいました。しかし、職員交替制となっても、できるだけ"家庭的雰囲気"を守っています）。また、この施設はたいてい郊外の田舎に建てられ、敷地内で農作物を育てたり、虫捕りに夢中になっ

たり、部活動に汗を流したりという大自然のなかでの生活が待っているわけです。

また、広大な敷地内には校舎やプールもあり、公教育の導入も正式に義務化されましたので（1997年）、たいていは地元教育委員会から正規教員が数人出向し、"小さな学校"という感じですべての子どもが授業や部活動などの学校教育を受ける機会が保障されています（未導入の施設もまだ3割ほどあります）。

子どもたちの1日の生活は、朝起きて、ジョギングや掃除のあとに朝食。制服に着替えて校舎に登校し、午前中は授業。昼はいったん下校し、それぞれの寮舎で昼食。午後は再度登校して、授業やクラブ活動。時期に応じて畑作業や職業訓練実習。夜はわいわいと夕食を済ませ、入浴や自由時間のあと、自主学習をし、日記を書いて就寝。施設によって独自の取り組みもありますが、おおよそはこのような生活を送っています。

夏休みや冬休み、春休みなどには自宅に帰省し、実社会で適応的に過ごせるよう少しずつ外泊訓練を重ねます。大部分の子どもは中学卒業（小学生は中学進学）を機に家庭復帰し（一部、事情があって中卒後も施設に残る子どももいますが）、新しいスタートを切っていきます。成長して立派な大人になっても施設に遊びにきてくれる者もおれば、残念ながら問題が再燃してしまうケースもあります。

２．少年非行と子ども虐待

さて、冒頭の「わたしが学生時分に、児童自立支援施設に抱いた感想」について、気になっていませんか（笑）？ちょっと引っ張ってしまいましたが、あえてこの「少年非行と子ども虐待」の章に書かせていただきたいと思います。

わたしも学生時代には新任研修の職員さんたちと同様、「罪を犯してしまった非行少年たち。なんだか怖いなぁ」「厳しいだろうなぁ」「人並みの贅沢も許されないのかなぁ」などという先入観のもと施設に足を踏み入れ、出会う子どもたちはよく躾られた挨拶、職員も威勢のよい号令、薪で風呂を沸かしている前時代的な風景、野球部の厳しい練習、死角や自由のほとんどない部屋などなどを見聞きすればするほど、先入観どおりの感想を抱いたのが正直なところです。

それから数年後に児童相談所の職員に、さらに10年後にはこの施設の職員となったわけですが、実際にこの施設に出入りするようになり、担当している子どもから話を聴くようになると、随分と印象が変わってくることに気づかされます。子どもたちは必ずしも嫌々過ごしているわけではないのです。それどころか、この「自由少なく」「規律正しい」生活は、言い方を換えれば「まわりに流されず」「飾らなくてよい」生活を送り、彼らなりに充実した毎日を送っているではありませんか。彼らもはじめこそ急な環境変化に反応は示すものの、慣れ

てくるととても子どもらしく、活き活きと自己実現に向かいはじめます（もちろん、ドロップアウトしてしまう子どももいますが……）。そんな子どもたちを微笑ましく眺めていると同時に、「いったい今までどんな生活をしてきたのだろう？」と疑問を感じざるを得ません。

ある児童自立支援施設の統計ですが、入所児童の保護者は両親が揃っていない、もしくは義理の親であることが約7～8割であり、児童自立支援施設の子どもたちがいかに"家族の課題"を抱えているかがわかります。正確なデータはありませんが、実際に生活保護を受給している世帯が多いようです。また、残念ながら入所児童の約6割に被虐待体験が認められ、問題の背景要因となっているようです。これらは児童自立支援施設が全国的に抱える現状といえるでしょう。

子どもたちが問題を起こしたとき、いろいろな職員がそれぞれの切り口で何度もくり返しくり返し説諭していると、子どもたちは「よく殴らないよなぁ？」とか「真剣に向き合ってくれて、うれしい」などと口にすることがあります。実際に、彼らから家庭状況を聴いてみると、親から叩かれて育っていたり、もしくは問題が生じても放っておかれたりしており、もはやそれがフツウの生活様式として身に染みついてしまっていることに気づかされます。また、「ここは三食食べられるからいい」「夜もぐっすり眠れる」などの発言もよく耳にしますが、

施設入所まえの生活で最低限の衣食住がいかに満たされていなかったかもわかります。わたしたちが当たりまえのように感じていることも彼らからすれば当たりまえではなく、非行問題と現在の日本社会が抱える格差社会や貧困問題は隣合わせなのだと実感せざるを得ません。

次は具体的に、わたしが出会ったなかで印象深いふたりの子どもを紹介したいと思います。

3．不良少年のツヨシ

ツヨシは訳あって出生まもなくから両親と別れ、祖父に引き取られました。ツヨシは祖父から厳しくしつけられ、事あるごとに殴りつけられました。ツヨシ自身も小学生時分から気性が荒く、ケンカや暴力問題を起こすことが多々ありました。ツヨシは学校教師を「俺だけ差別されてる！」と忌み嫌い、中学に入ってからは家出がちとなって、不良の先輩たちにかわいがられ、タバコ、万引き、バイク、シンナーと非行の一途をたどっていきました。

中学2年の夏、ツヨシは遊び半分で不良仲間と"ホームレス狩り"を起こし、逮捕。少年鑑別所を経て、家庭裁判所の審判でわたしどもの施設へやってきました。おとなしかったのも束の間、ツヨシはすぐ施設を飛び出し、警察に保護されてはまた飛び出し……そんなこんなをくり返すなかで、ツヨシも観念してか次第に施設から飛び出してしまうことはなくなりました。

しかしなかなかどうして、ツヨシは他の子どもを執拗にからかい、職員には反抗的な態度でしか接することができません。時にツヨシは職員と激しくぶつかりあい、緊張が走ることも少なくありませんでした。しかし、施設生活が定着していくとえらいもので、相変わらず口は悪いものの、人をからかう口調は"甘え"のような装いを呈してきました。

わたしは心理療法士なので、彼とはカウンセリングをとおして接するわけですが、秘密の守られるカウンセリングルームではまるで幼児さんのように人形で戦争ごっこを繰り広げるなど、ツヨシはカッコつけなくていい素の自分を安心して表現しているようでした。担当寮母の手作りケーキと、寮長と寮生たちに囲まれハッピーバースデイを祝ってもらったときには、目頭を熱くしていたそうです。

地元中学校（原籍校）の先生たちは1〜2ヵ月に一度は必ず面会に訪れてくれました。教師への不信感が強いツヨシでしたから、はじめはうっとうしそうな表情と態度で面会も数分しか持ちませんでしたが、先生たちが何度も足を運ばれるうちに、（友だちのような"タメ口"は最後まで治りませんでしたが（笑））学園生活を意気揚々と話すようになりました。毎日の生活を共に過ごすわたしたち施設職員には見えにくいものですが、こうして定点観測するような立場の学校教

論は、ツヨシの見違える変化・成長に口を揃えて驚嘆の声を上げられました。もちろん、"継続は力なり"ではありませんが、必ず定期的に足を運んでくださる地元学校教員の努力が、ツヨシの信用を取り戻したことは言うまでもありません。また、地元学校の先生たちのことばは、われわれ施設職員をとても元気づけるものでもありました。

中学卒業の時期がやってきました。勉強がからっきしダメなツヨシは、就職という道を選びました。一時は憎んでいた祖父の紹介した塗装関係の仕事です。最後のカウンセリングで、ツヨシは柄になく、照れ臭そうにこう話しました。「昔はフツウにしゃべることすらできなかった」「今は別に何が成長したというわけじゃなくて、ただフツウになっただけ」「児童自立支援施設という場所は落ち着いて生活せざるを得ないから、考える時間がたくさんできる。すると、いつの間にかフツウの自分が出せるようになってた」「祖父の気持ちがわかるようになったとは言わないけど、まったくわからないということはなくなった」「でも、もし自分の子どもができたら、手は出さずにまず話を聴いてやりたい」と。

4．援助交際を繰り返すレイコ

中学1年生のレイコは、母親と不仲で家出を繰り返し、そのうち援助交際をしてお金を稼ぐようになりました。あるとき、相手の男性が児童福祉法違反で検挙され、レイコは児童相談所に保護されました。レイコは法的には被害者ですが、性や親子関係の問題から、児童自立支援施設へ入所となりました。

彼女は性に関して驚くほどあけすけで、平気な顔で卑猥なことばを用い、男子生徒に色目を使います。職員が自分を大切にしようといくら論しても、「自分のからだなんだから、別に相手が嫌がってるわけじゃないし、どうしようと勝手でしょ！」「先生だって、どうせ本気で心配してるわけじゃないし」「大人なんて、信じてない」とことばが響きません。

なかなか心を開かない彼女でしたが、変化が目に見えてわかってきたのは、入所して半年過ぎたバレーボール大会の頃でしょうか。練習もあまりやる気を見せなかったレイコは、レギュラーにも選ばれていません。がんばって練習に励んでいたレギュラーの子どもたちは、見事準決勝まで勝ち進みました。わたしは観客席から見ていましたが、まさに手に汗握る試合展開、どちらが勝ってもおかしくない一進一退の攻防です。しかし、残念ながらわたしたちの施設は強豪施設に惜敗してしまいます。その瞬間、真っ先に泣き崩れたのが、驚くなかれベンチを温めていたレイコでした。わたしは観客席からずっとレイコを見ていました。「他人なんて信じない」と言っていた彼女が、レギュラーの仲間を励まし、いっしょに泣き、肩を組んでいるではありま

せんか！　監督（担当寮長でもある）の
ことばをチーム一丸となって喰い入るよ
うに聞いているではありませんか！

　ちょっとなつかしいスポ根ドラマみた
いですが、こういうことが児童自立支援
施設では起こってきます。児童自立支援
施設には逃げ場がありませんから、嫌で
も目のまえの課題に向き合わざるを得ま
せん。そのうちそれがルーティンとな
り、知らず知らずのうちに自分の血や骨
になっていく。レイコが号泣したシーン
は、堅くなってしまっていたつぼみが、
目には見えないけれど水と栄養をずっと
与えられつづけ、ようやく花を一気に咲
かせたような、そんなふうに思える出来
事でした。

　バレーボール大会後のレイコとのカウ
ンセリングでは、彼女は次第に自分の過
去や母親への想いを語りはじめました。
自分の母親は生まれたときから男性を
とっかえひっかえ、セックスに耽ってい
た。自分の父親も誰かすらわからない。
わたしは絶対にこういう女性にはならな
いと決めていたのに、中学になって母に
反発して家を出たとき、いちばん心を落
ち着かせてくれたのは男性に抱かれてい
るときだった。それで悲惨な思い（性被
害体験）を幾度もしたけれど、利那的に
セックスを求めてしまう自分があった。
結局、母親と同じになってしまったと自
暴自棄になって、実は死ぬことも考え
た。そんなとき、施設に入所することに
なった。はじめは誰も信じていなかった

けれど、うまく言えないけれど、もう一
度信じてみよう、生きてみようと思える
ようになった……そんなふうに語ってく
れました。

5．児童自立支援施設から見た「子ども虐待」

　ツヨシやレイコのエピソードを読ん
で、皆さんは何を感じましたか？　あり
がちなエピソードだとか典型的な非行少
年・非行少女というところでしょうか。
確かにそうですね。けれども、テレビで
少年犯罪のニュースを聞いたとき、「子
どもだからって、許されていいのか？」
「未成年だから罰せられないと、社会を
舐めているのではないか？」などと単純
に厳罰化を叫ぶ自分がいませんか。別に
どちらが正しいと言いたいのではなく、
立つ側の視点によって見えてくるものが
違うものだと思いますが、わたしが危惧
するのは、同じ人間がツヨシやレイコの
エピソードを読むときと、テレビで少年
犯罪の報道を耳にするときとで、感じ方
に極端な乖離が生じていないかというこ
とです。

　「虐待が非行を生む」などという単純
な問題ではありませんし、家庭環境、そ
の子ども自身の生まれ持った能力や気
質、学校や人間関係のなかでの体験が大
きく影響していることは言うまでもあり
ません。ただ、起こっている現象や行動
にだけ注目して全か無かで判断するので
はなく、そこに至った経緯や背景を考え

る視点が必要だと思います。そんな彼・彼女たち固有のストーリーを考えること、そしてどうすれば彼ら彼女らのハートに響くのか戦略を考えることが、教育とか福祉とかいうことではないかと思います。

児童自立支援施設は全国的に"生き残り"をかけています。厚生労働省の掲げる「子ども・子育てビジョン」では、児童養護施設も情短施設も近い将来に数十箇所の増設を目標としているのですが、児童自立支援施設は"据え置き"です。日本全国の少年検挙数は減っています。そもそも、子ども自体が減っています。街からはわかりやすい"不良少年"は減り、マスコミでは"フツウの子が急にキレる"事件が取り沙汰されています。ある施設では、児童数より職員数の方が上回ってしまう事態も起こっているようです。これでは"税金泥棒！"と揶揄されても仕方ないかもしれません。

しかし、皆さんよくご存知のとおり、子ども虐待の件数は右肩上がりです。同時に、児童養護施設内での暴力問題が目立ってきています。コントロール感を失った子どもたちが、子どもらしさと自分と他人を大切にする力を取り戻すために、何年も前から児童自立支援施設が大切にしてきた家族的なケアや自立支援は、時代のニーズとうまくマッチできる時期にきているのではないかと個人的には感じています。ちなみにわたしの勤める学園では、小学校低学年の年少児童

や、問題行動の有無に限らず家庭支援を要する子どもを積極的に受け入れ、児童自立支援施設が求められる新たな可能性を模索しているところです。

ツヨシやレイコに共通するかかわりは、「ダメなものはダメ！」「でも、絶対に見捨てない！」という父性的かつ母性的メッセージを、いろいろな立場の職員やいろんな作業を通じて、チームとして伝えつづけられたことだと思いますし、それが児童自立支援施設の培ってきたノウハウだと思います。ツヨシやレイコが「育ちなおし」のきっかけくらいをつかんでくれたのだと信じて、日々仕事をしています―

参考文献

・小林英義、吉岡一孝『児童自立支援施設の子どもと支援』明石書店、2011年。
・児童養護施設等の社会的養護の課題に関する検討委員会・社会保障審議会児童部会・社会的養護専門委員会「社会的養護の課題と将来像への取組」厚生労働省、2012年。
・松浦直己「エビデンスから見た少年非行」平成24年度全国児童自立支援施設職員研修（神戸大会）、2011年。

弁護士の立場から見た子ども虐待

佐々木伸（弁護士）

1．児童相談所における虐待相談業務の流れ

　私は、2006年10月に弁護士登録し、翌2007年3月から、神戸市子ども家庭センター（児童相談所）虐待パートのサポート弁護士として、およそ6年間、子ども虐待に関与してきました。

　それなりに長い期間、子ども虐待に関わってきて、学校の先生と児童相談所との連携は子ども虐待防止の観点から非常に重要だということを実感しています。そこで、まず、児童相談所における虐待相談業務の流れをご紹介させて頂き、学校の先生に児童相談所の虐待相談業務をご理解頂ければと思います。

（1）　発見

　子ども虐待を発見するのは、関係機関、児童本人、家族・親類、近隣者等になります。関係機関にはもちろん、学校も含まれます。

　虐待及びその兆候を発見された方が通告する先はいろいろありますが、学校関係者の方であれば児童相談所に直接お電話や文書で通告することが多いです。

　なお、地方公務員法等で定められた守秘義務よりも通告義務の方が優先しますので（児童虐待防止法第6条第3項）、通告に際し、守秘義務との兼ね合いを気にする必要はありません。

（2）　情報収集

　通告を受けた児童相談所は、所内の会議を経て、必要であれば児童の身体を確保（一時保護）した上で、関係機関等への聴き取り等の調査や各種診断・判定を行います。

　関係機関等への聴き取りには、もちろん、学校関係者に対するヒアリングも含まれます。児童相談所は、児童にまつわるあらゆる情報を総合的に考量して最終的な対応を決定しますので、虐待の有無に直接関わる事情だけではなく、児童の資質や学校生活への適応状況などについてもお尋ねすることがあります。

（3）　対応

　児童相談所は、収集した情報を基に、処遇会議を経て、

①相談に対して親子関係の調整や見直し

の助言を行う助言指導

②保護者との信頼関係を前提に児童相談所に通所させる継続指導

③継続指導に地域・関係者の見守りを加えた継続観察指導

④措置により児童相談所などに通所させる児童福祉司指導

⑤家庭から施設に児童を入所させる入所施設措置

などの対応を決定します。

そして、上記①～⑤のうち、年度によって多少増減はあるものの、最も多い対応は③の継続観察指導になります（おおよそ全体の半数程度というイメージです）。もちろん、学校に所属している児童の場合、ここで言う「関係者」とは学校のことになります。

2. 弁護士の立場から見た子ども虐待について

1. で見たように、学校の先生には、子ども虐待の防止・対応の各局面において、

①虐待を発見する役割

②児童に関する情報を正確に児童相談所に伝える役割

③児童相談所の対応が決定した後も児童を見守る役割

が期待されています。

しかし、子ども虐待は基本的に密室である家庭内で行われることなどから、発見は非常に困難であると言われています。

そこで、学校の先生方においては、いわゆる「虐待のサイン」などを勉強して頂いて、子ども虐待を発見する目を養って頂く必要があります。

これ以降は、児童相談所でのサポート業務にかかわらず、私が弁護士として経験させて頂いた事案を通じて得た雑感をお話しさせて頂き、それを通じて、子ども虐待の早期発見・早期対応の重要性を感じ取って頂ければと思います。

(1) 少年事件を通じて

弁護士が子どもとかかわる機会としては、虐待案件よりも、むしろ少年事件の方が一般的であると思われます。私も弁護士登録して以来、年に数件は担当しています。

そして、何のデータにも基づかない極めて主観的な印象ではありますが、罪を犯した子どもの中には、虐待された経験のある子どもが相当多く存在するように感じています。これはすなわち、虐待の「被害者」であった子どもが、成長して「加害者」に転じるということを意味します。

これにはいろいろな理由があるでしょう。虐待による痛みから心を守るために感情を閉ざした結果、他者の痛みにも鈍感になってしまっているのかも知れません。自分の欲求を満たす方法を暴力以外に知らないのかも知れません。そもそも情緒不安定であったり、年齢相応の立ち振る舞いが出来なかったりするため、周

囲との摩擦が起こりやすいのかも知れません。

少年事件では、家裁の審判に先だって少年の生い立ち等にまで遡って調査をして、非行に至った背景等の分析がなされます。しかし、「少年の○○な気質は、幼少期の被虐待に原因があるものと思われる」というようなことを言われても、「今さらそんなことを言ってどうするんだ？」と思ってしまうことも正直少なくありません。やはり一件でも多くの虐待を未然に防ぐことが大切なのです。

加害者になるということは、ある意味においては被害者になることよりも悲惨な結果であるとも言えると思います。学校の先生におかれましては、虐待の発見・防止が子どもの将来に大きな影響を及ぼすということを、是非強く自覚して頂きたいと思います。

（2）　貧困→虐待→非行のスパイラルについて

偏見につながると困るのですが、児童相談所における虐待対応の検討事案では、低所得所帯であったり、あるいは両親の夫婦関係に問題があったりという事案が多く見られます。

もちろん、親の規範意識が間違っている故の虐待（このくらいの暴力は構わない、という類型）も多く見られるのですが、親の問題処理能力を超えたトラブルが発生し、親がパニックに陥り、最終的に一番弱い存在である子どもがストレス解消のはけ口になる、というパターンもとても多く見受けられます。

そして、虐待を受けた子どもの中には、前述のように、非行に走る子どもが出てきます。

いったん非行に走った子どもを社会の枠組みに戻すことはそう容易ではありませんし、そもそも虐待が理由で社会に適合するに必要な能力や情緒が十分に育っていないケースも多く見られます。

そうすると、その子どもは定職に就けない可能性が高くなります。

極々簡単に言うと、これが貧困→虐待→非行のスパイラルです。

もちろん、全てのケースがこれに当てはまるわけではありません。先入観は、かえって児童の福祉に反する場合がありますから、十分に注意して頂きたいとは思います。

しかし、あえてここで触れさせて頂きましたのは、繰り返しになりますが、虐待の早期発見・早期対応が非常に重要であることを再認識して頂くためです。

今一度、先生方におかれましては、自らが虐待発見・防止の最前線に立っているとの自覚をお持ち頂いて、子どもの将来のために、虐待問題について真摯に取り組んで頂ければと思います。

（3）　弁護士が出来ること

これまでも弁護士として、児童相談所のサポートや少年事件の付添を通じて、児童虐待の問題にかかわってきました。

しかし、上述しましたように、親のストレスが虐待の一因であるなら、親のストレスを除去するようなサポートを考えていく必要があります。

心理的なことについては、弁護士は専門家ではなく、カウンセラーの先生等にお任せすることになりますが、端的に言えば「お金の問題」であれば、弁護士が関与出来る場面もかなり出てきます。

たとえば「自己破産」。借金さえなくなれば十分生活出来る、というケースであれば非常に前向きな解決であると言えます。「生活保護の申請同行」などもお手伝いできます。

また、別れた前夫から養育費をもらっていないから生活が苦しい、という場合なら養育費の請求も出来ることがありますし、勤務先が残業代を払ってくれないという場合なら未払残業代の請求が出来るかも知れません。

「お金の問題」と言ってしまうとドライに聞こえますが、ギリギリの生活をしている人にとっては何よりの精神安定剤になる場合もあります。学校の先生方においては、もし、家庭が経済的に困っていて、その原因が判明した場合、弁護士への相談を勧めるという方法も、選択肢としては持っておいて下さい（なお、弁護士の知り合いがいないという場合には、弁護士会に連絡して下さい。また、費用についても、「法テラス」という機関で貸付の制度があります）。実際、破産手続を経て家族に笑顔が戻るということは、私自身、よく経験することです。

3．おわりに

親のストレスも虐待の一因であると考えられ、また最終的には親と児童の再統合を目指す以上、虐待者を常に敵視していたのでは問題の解決には繋がりません。

しかし、他方で、学校の先生は、児童にとっては、一番最初に頼りになる存在です。

最終的な解決をにらみながらも、喫緊の課題は児童の安全確保であることを肝に銘じて、愛情をもって、かつ毅然とした態度で問題に取り組んで頂ければと思います。

4 | スクールソーシャルワークと子ども虐待

大塚美和子（神戸学院大学准教授／大阪府教育委員会スクールソーシャルワーカースーパーバイザー）

1．スクールソーシャルワークとは

　スクールソーシャルワークは、およそ100年前にアメリカで誕生した子ども達を支える活動です。日本では1980年代中ごろから埼玉県所沢市で活動が開始され、2005年には大阪府教育委員会が不登校等に対する緊急支援事業の中でスクールソーシャルワーカーを雇用することになりました。そして、2008年、文部科学省が「スクールソーシャルワーカー活用事業」を全国で展開することを決定し、各自治体の教育委員会が活動を展開し始めました。

　スクールカウンセラーは臨床心理士等が担当し、子どもや親の個人の内面に焦点を当て、個別のカウンセリングを行います。一方、スクールソーシャルワーカーは、社会福祉士、精神保健福祉士等が担当し、子どもと環境の相互作用に焦点を当て支援を行います。子ども達を支えるために、学校、家庭、地域との間で調整、仲介、連携という活動を通して、子どもの力になる様々な資源と子ども自身の力を活かし、学校を拠点に問題解決をはかろうとします。

　スクールソーシャルワークの固有の視点として、子どもの問題行動は環境との相互作用で生じていると捉えるエコロジカルな視点があります。つまり、子どもと環境との相互作用が変化すれば子どもの問題行動も改善すると考えます。スクールソーシャルワークは、子どもとその環境という二つの視点を明確にもち、その間に働きかけていく仕事です。

　スクールソーシャルワーカーの具体的な活動内容には、①子ども、教師、親の関係調整などの個別事例への対応、②学校内におけるケース会議の実施、校内体制作りなど、校内の資源を活用した対応、③社会資源との仲介や調整、子どもを取り巻く地域関係機関との連携やネットワークの構築などのさらに広範囲な活動があります。このように、スクールソーシャルワーカーの活動は、子どもの生活環境の調整を様々なレベルでマネジメントする点に特徴があります。

2．虐待問題に対するスクールソーシャルワーク固有の視点

　図1は、虐待問題が家庭と学校でどの

48

ように悪循環を生み、エスカレートするかを表したものです。家庭の経済的困窮、家庭の不和、親の精神疾患などは養育環境の悪化を生み、そのことにより子どもの問題行動が生じやすくなります。そして、親の叱責が虐待にエスカレートすることで、親子の愛着関係が悪化し、さらに子どもの問題行動が悪化していきます（家庭の悪循環）。一方学校では、子どもは教師に対する強い愛情欲求を求め、見捨てられ不安から試し行動などを行います。教師は試し行動とは理解できずに注意を行い、子どもの状態はさらに落ち着きがなくなり、友だちとのトラブルが増え、場合によっては学習意欲も低下し、そのことでさらに教師から強く叱責を受けることになります（学校の悪循

環）。この際、学校から家庭に子どもの問題を連絡すると、余裕のない親はさらに子どもを厳しく叱責し、場合によって虐待行動にエスカレートする場合もあるでしょう。このようにして、問題行動はさらに悪化し、子どもの自尊感情は低下し、学校と家庭の両方で居場所を喪失していくことになるのです。

　スクールソーシャルワーカーは虐待問題を原因、結果という直線的な見方で捉えるのではなく、図１のように円環的な見方で捉え、悪循環のサイクルのどこからでも介入し、子どもの問題が改善されるようにアプローチを行ないます。つまり、①子どもと学校（教師や友だちと）の相互作用、②学校と家庭の間の相互作用、③子どもと保護者との相互作用への

虐待に関する学校と家庭の悪循環

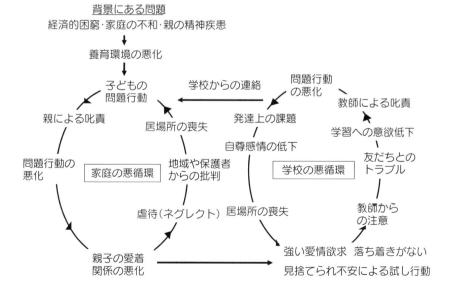

49

介入を行うことで問題解決をはかろうとします。学校は、虐待を発見し関係機関に通告することや子どもをケアすることが虐待対応と捉えがちです。しかし、スクールソーシャルワークの視点から捉えるならば、学校は上記の３つの相互作用に関わり積極的なアプローチを行うべき重要な役割を担っています。そこで、スクールソーシャルワーカーは、学校と協働で学校と家庭における虐待問題の悪循環に介入し、支援を行うのです。

３．スクールソーシャルワークの実践例

　虐待事例に対して、スクールソーシャルワーカーである筆者が行った実践例を示します。

【事例】虐待問題を含む多問題家庭への支援

１）家族構成

　父親、母親、長男（中２）、長女（小４）

２）問題状況

　二人の子どもに対して、子どもの幼少期から両親による身体的虐待があり、特に、母親は長男を虐待し、小学校低学年の時に通告され長男は施設入所した経験があります。この時、児童相談所の相談員と両親の関係が悪化し、以降は児童相談所を完全に拒否するようになりました。長男の学校での不適応行動に対して、学校内の人間関係作りの取り組みと教育センターのプレイセラピー等で長男の状態は安定していきました。一方、長

女には、長男ほどの身体的虐待はありませんでしたが、母親が精神安定剤を大量服薬することから薬の管理や病院への付き添い役をしており、心理的虐待と不登校状態にあります。母親は精神状態が悪化すると長女の登校を拒絶し、長女の担任や学校を攻撃し、欠席日数は増加していきました。母親は、虐待（ネグレクト）環境の中で成長し、自己肯定感のないまま大人になっています。母親は葛藤状況になった時に大量服薬や自傷行為を行うことがありました。両親共に精神科で投薬治療を受けており、生活保護を受けて生活をしています。

３）支援の経過

　本事例は、長年にわたり要保護児童対策地域協議会のネットワークの中で何度もケース会議で検討し、関係機関が支援を試みようとしたがうまくいかなかった事例でした。そこで、スクールソーシャルワーカーから両親との信頼関係がある小学校校長に対して、当事者である両親を交えたケース会議を実施していくことを提案しました。まず、第一段階として、父親、校長、スクールソーシャルワーカーでケース会議を開始し、父親との信頼関係をつくり、両親と学校が協働で問題解決していく下地作りを行うことにしました。定期的に行うケース会議では、問題点と同時に家族が努力したこと（力の部分）も見立てて整理し記録に残しました。例えば、問題点としては、金銭のトラブルで親族間の仲が悪くなり母

親が不安定になることと子どもが登校しにくくなる悪循環のパターンがあることなど、家族の力の部分としては、発病前母親はきれい好きであり最近大掃除もできたことなど、些細なことでも取り上げて共有しました。母親自身も体調がやや安定しているときはケース会議に参加するようになり、両親とのつながりのある校内の教職員（長男の元担任など）もケース会議に参加するなど、徐々にケース会議を中心に支援が組み立てられるようになっていきました。会議は雑談や笑いを交えながらも家族の課題の部分についても切り込んだ話し合いがもたれ、会議の最後には次回までの目標が話し合われました。ケース会議の記録シートはケース会議終了後にスクールソーシャルワーカーがまとめて次回の会議の最初に参加者に配布し、それをもとに次の課題が話し合われました。そのような取り組みの中で、母親は家事も少しならばできるようになり、大量服薬をしなくなりました。父親も毎回ケース会議に熱心に参加し、父親専用に用意した記録シートファイルを見ながら話し合いに参加しました。

　次に、ケース会議に加え、他機関の資源（リソース）と家族をつなぐ支援を展開することにしました。例えば、母親の心身安定のために、健康増進課の保健師や母親の通院先の病院の精神保健福祉士を紹介し、両親の思いを共有しつつ関係機関とのパイプ作りを行ないました。母

親の気持ちを主治医が聞いてくれないという訴えが生じた時は、スクールソーシャルワーカーも病院に同行し、主治医と面接して母親の思いを代弁し理解を求めることも行ないました。父親は、積極的に関係機関とつながるコミュニケーションスキルをもっており、スクールソーシャルワーカーが後押しをすることで、そのリソースを活かしてつながりを広げていきました。一方、母親の精神状態に相変わらず波があり長女の登校状況が悪いことから、ケース会議では父親、学校、スクールソーシャルワーカーで登校支援について話し合いながら取り組みを続けました。また、同時に校内でもケース会議を開催し、長女自身が本音の気持ちを言葉で伝えられるようになることを目標に、クラスの中で居場所作りに配慮しながら支援をしていきました。このように、保護者と学校協働のケース会議と校内ケース会議が両輪となり、支援が展開されていきました。

　小学5年にあがる春休み、母親と長女の担任の関係がスムーズにいくように、いつものケース会議のメンバーに加え、担任を含めたケース会議を開催しました。その結果、母親と担任との関係は良好となりトラブルはほとんどなくなりました。しかし、長女は学年が上がり学習面の遅れが目立つようになり、その他の問題行動などもあり、クラスには入りにくい状況が続きました。その状態を受けて、母親は自ら教育センターに予約を入

れてカウンセリングを受けるようになり、子どもとの関わり方を変えるように変化していきました。また、ケース会議のシートを子どもに読んで聞かせて、みんなが長女のことを考えてくれていることを伝えるなど変化が見られるようにもなりました。

4）考察

本事例は、子どもへの虐待、不登校、両親の精神疾患、大量服薬という多問題を抱えた家庭に対して、児童相談所の支援や要保護児童対策地域協議会のネットワークの中で支援を展開してきた事例です。問題の背後には、母親自身の親子関係の問題（虐待と愛着の課題）や金銭のトラブルが続いており、虐待の世代間連鎖が生じていること、さらに地域からの孤立が問題を深刻化させていたと考えられました。そこで、スクールソーシャルワーカーから、両親を含めたケース会議を行うことを学校に提案し、まずは父親との関係を作りながら徐々に母親を含めたケース会議を実施できるようになりました。その過程で、母親の大量服薬がなくなり、母親による担任への攻撃もなくなり、両親（特に父親）と学校が協働で問題に取り組む体制ができていきました。つまり、両親とのケース会議によって学校と家庭の相互作用が変わると同時に、家庭内の虐待に関わる悪循環の相互作用が変化しました。また、校内ケース会議によって子どもと教職員との相互作用が変化することでさらに学校での悪循環が改善していきました。

4．虐待問題に対するスクールソーシャルワークの機能と役割

（1）　ケースの発見、アウトリーチ機能

まず、第一の役割は、早期発見、早期支援のためのアウトリーチ機能です。学校には、職員会議や職員朝礼、学年会など、気になる子どもについての情報を共有する場がいくつか存在します。さらに必要なことは、配慮が必要な子どもへの支援を検討する校内支援委員会を校内組織の中に位置づけることです。スクールソーシャルワーカーの校内支援委員会の中での役割は、子どもの問題の背景に虐待や家庭の問題がないかを見極める視点を提供することです。子どもの問題の背後に経済的困窮があるならば、就学援助や児童扶養手当等の経済的援助の手続きがとられているかなどの確認、その他の福祉サービスなどを紹介する必要があるかなどを校内で共有します。子どもの問題の背後に虐待がある場合は、学校が児童相談所や市の要保護児童対策地域協議会への通告を行うための情報整理やアドバイスを行います。校内での対応が求められることが多いネグレクト傾向の事例では、子どもの家庭での生活状況を教職員に把握して記録してもらい支援が必要かどうかを見極めます。子どものSOSは様々な形で示されるので、それを見落とすことなくキャッチできるように、校内教職員の声が届く組織作りが求められ

ます。

（2）　アセスメントとプランニング機能

　校内支援委員会でさらにケース検討が必要だと思われたときにはケース会議を開催します。ケース会議では、子どもの状態の包括的なアセスメント（見立て）を行い、解決に向けた目標設定と役割分担を具体的に協議し決定します。ケース会議には学校内の教職員で協議する校内ケース会議、関係機関を含めた連携ケース会議などがあり、その目的に応じて参加者が異なります。学校が一般的に行っている校内支援会議は情報交換だけで終わるものが多く、ここでいうケース会議は、子どもの問題の背景を理解し、チームで対応できるようなプランを練る戦略的な会議です。そのコーディネートを主に担うのがスクールソーシャルワーカーです。スクールソーシャルワーカーは、ケース会議で参加者に質問を投げかけながら意見や情報を引き出し、ホワイトボードや模造紙に情報を整理し、子どもの問題に対する背景を包括的に見立てます。そうすることで、子どもの問題を原因と結果という直線的な狭い見方ではなく、もっと広く多角的な視点から理解することができるようになり、教師がそれぞれの立場から何らかの支援ができるという気持ちになります。子どもの問題は家庭と学校の相互作用の悪循環の中で悪化していくものであり、教師の子どもへの関わり方が変化すれば校内に子どもの居場所ができ自尊感情の低下を防ぐことができるようになるのです。そのことがさらに家庭の関わり方に変化を生み出すこともあります。このように、第三者として教師や関係者をエンパワメントしつつプランニング（手立て）の支援ができるのがスクールソーシャルワーカーの強みでしょう。

（3）　支援・介入機能

　スクールソーシャルワーカーと児童相談所や自治体の子ども家庭相談室との大きな違いは、学校と協働で子どもを支援できる点でしょう。具体的には、親支援と子ども支援の側面があります。まず親支援の面では、一般的に外部の相談機関に自ら相談には出向かないタイプの保護者とも、校内にいるスクールソーシャルワーカーならば自然な形で教職員から紹介してもらい、つながることが可能です。前述の事例を例に挙げると、両親との定期的なケース会議は子どもの登校支援だけではなく、両親が暴力やネグレクトという形ではなく子どもを健全に養育できるようになるための具体的な話し合いの場になっていました。教育の場で自然な形で親支援、家庭福祉サービスが提供できた事例であったと考えます。子ども支援という面では、前述のように、学習環境を整え、子どもの自尊感情を高める取り組みを学校と協働で行うことができます。

（4）　モニタリング機能

　虐待問題を背景に抱えた子ども達の問題は、継続的な長期支援が必要なケースであり、モニタリング（見守り）を定期的に行っていく必要があります。その場が、上記の校内支援委員会です。スクールソーシャルワーカーは支援が必要な子ども達の生活背景を整理し、継続的な支援が校内で実施されるようにシステム作りについてアドバイスをしていく必要があります。特に重要なのが学年の変わり目や進学のタイミングです。例えば、個別支援が必要な子どものシートの作成と引き継ぎがなされているか、保幼小中の連携ができているかなど、具体的な提案をしていくことが重要です。

絵：樫村道子　平和美術協会会員

5 学校と関係機関の連携
—性的虐待を中心に—

吉田卓司（藍野大学）

　本書第 2 部では、すでに、児童相談所と児童自立支援施設の専門職員、弁護士、スクールソーシャルワーカーから、どのように子ども虐待の克服に取り組んでいるかが述べられてきました。

　子ども虐待に関わる人や組織は、その他にも多岐にわたります。前述の専門職、専門機関と学校との連携に加えて、ここでは、性的虐待の発見と対応を中心に、心理、医療、福祉の分野の関係機関と学校との連携と対応を紹介したいと思います。

1．性的被虐待児を発見する困難さ

　各種の統計から子ども虐待通告の内訳をみると、日本では、性的虐待の割合は、2 ～ 3 ％程度とされています。しかし、他国との比較や性暴力に関する実態調査から考えると、被害件数や被害者の数は、公式統計の数倍から数十倍にも及ぶ可能性があります。

　それは、性的虐待の多くが密室で行われていることだけでなく、他の虐待に比べても、虐待を受けた子どもが被害を外部に訴えにくいからです。

　私の関わった、実兄から性的行為とその様子を撮影されたり、継父から公衆の場でわいせつな姿態をさらさせられる等の被害を受けていた事例では、いずれも被虐待児本人（中学生）に被害意識がないまま、性的行為の強要が行われていました。前者の例では、本人のノートや机、壁等に「殺」、「死」等の語句を含む落書きが多数見つかったことから、まずスクールカウンセラーによる継続的面談が行われ、そのカウンセリングを通じて、本人の被害者意識が覚醒するとともに、虐待の実態が明らかとなっていきました。

　このように、羞恥心や家族関係の崩壊を心配して、虐待を言い出せないというだけでなく、被虐待児に、加害者から共犯意識や自責の念を与えられるため、被害が隠蔽されやすい傾向がみられます。このような背景が、他の虐待類型に比べても、より一層、性的虐待の発見をより困難にしています。

　それだけに、子どもたちが、日々通う学校には、性的虐待の発見に、大きな責務があるといわねばなりません。そのた

めには、性的虐待の潜在的な被害児がいることも想定しながら、性教育や男女平等の人権教育に取り組んでいく必要があります。また、NPO法人CAPセンター・JAPAN[1]など、暴力防止や犯罪被害の防止に取り組む団体や医療機関と連携した性暴力防止プログラムを実施することも有効でしょう。

実際、このような子ども主体の「性」に関する教育や人権教育の後に、感想文などで、性的虐待の被害を訴える子どもも少なくありません。虐待を受けている子どもにとって、もっとも身近で唯一の相談窓口は、まさに学校にほかなりません。

２．性的虐待のトラウマに向き合う―医療の取り組み―

虐待によって、後々にまで深刻な精神障害や心身の病気に苦しめられている人がいます。とりわけ、性的虐待によるトラウマ（心的外傷）は、深刻なPTSD（心的外傷後ストレス障害）をともないます。例えば、対人関係における不信感や不安感、自尊感情の縮減、リストカット、摂食障害、自殺企図など虐待後の人生の長きにわたって様々な障害をもたらすケースが多く、その治療も簡単ではありません。

子ども虐待への対応、とりわけ、性的虐待は、虐待をされなくなった後も、そして被虐待児が成人してから、あるいは結婚、出産を経験した後までも、継続的なケアが必要となります。

例え、性的虐待の事実を自分なりに受けとめ、そのトラウマや精神的ストレスを乗り越え、自分自身に自立する力があるという自覚が芽生えても、その後で再び自分自身に対する自信を喪失する場面が訪れないとは言い切れないからです。

その意味では、小学校では６年間、中学・高校では３年間という、期間限定で子どもと向き合う学校の教職員にとっては、性的虐待をはじめとする虐待の問題解決や対応には一定の限界があります。

そこで最も重要なことは、医療機関をはじめとする専門機関との連携です。性的虐待をはじめとする被虐待児の治療方法として、長時間暴露療法、ストレス免疫訓練、EMDR（眼球運動による脱感作と再処理）といった認知行動療法などがあります。その有効性は、近年の世界各国での研究によって実証されています[2]。また、急性症状の緩和に効果的な薬物治療法も見出されてきています[3]。むろん日本でも、被虐待児に対する精神科の専門的治療が組織的に徐々にすすめられています。

トラウマ克服の過程は、決して平坦な道程とはいえません。だからこそ、学校を卒業した後も、被虐待児が、安心して相談できる専門機関につないでおくことが不可欠なのです。

心理・医療・福祉機関と緊密に連携をとるためには、これまでの学校三師（学校医、学校歯科医、学校薬剤師）との連携強化とともに、全国に配置されつつあ

るスクールカウンセラーやスクールソーシャルワーカーの活用が求められます。

3．虐待への対応と地域のネットワーク

もともと虐待への対応は、それぞれのケースの家庭への働きかけが基本となります。それは、子どもへの教育を本分とする学校教育にとって、やや荷の重い仕事でもあります。

その意味でも、地域の社会資源の活用、すなわち機関連携は、ますます重要性を増してくるでしょう。本書で取り上げられた「要保護児童対策地域協議会」は、今や全国のほとんどの市町村に設置されていますが、この協議会は、そのための連携システムです。

また、地域の中核となる医療機関には、社会福祉士や精神保健福祉士の資格を有するメディカルソーシャルワーカーや精神科ソーシャルワーカーが配置されていますし、各地域でも同様に福祉士の資格を有するコミュニティソーシャルワーカーが、地域福祉の見守り役として、次第に実績を積み上げてきています。

これらのソーシャルワーカーは、スクールソーシャルワーカーと同様に、福祉分野の専門性を共有しています。ですから、今後、ソーシャルワーカー相互の連携が深まれば、教育、医療、福祉の関係機関の連携と協働がスムーズに図れることになるでしょう。すでに、一部自治体では、これらのソーシャルワーカーと福祉関係部局職員の連絡協議会や合同研修が行われています。

そして、さらには福祉事務所（家庭児童相談室）の家庭相談員や主任児童委員、保護司の方々なども、学校とそこに通う子どもたちの力強いサポーターといえます。そして、学校は、スクールソーシャルワーカーを窓口として、そのような社会資源を有効に利用できる可能性が広がっています。

子ども虐待の早期発見と適切な対応、そして関係機関の連携に、本ブックレットが、生かれされることを心から願っています。

〔註〕
(1)　森田ゆり・平野恵理子『あなたが守るあなたの心・あなたのからだ』童話館出版、1997年。Sally J. Cooper（原著）、砂川真澄（訳）『「ノー」をいえる子どもに―CAP/子どもが暴力から自分を守るための教育プログラム』童話館出版、1995年、等。
(2)　ストレス百科事典翻訳刊行委員会編『ストレス百科事典』丸善出版、2009年の「心的外傷ストレス障害」（大江美佐里（訳））、pp.1482-1486。
(3)　松本慶太ほか「被虐待児の治療」『精神科』17巻1号、2010年、p.36。

参考文献
・君和田和一ほか『性被害のふせぎ方』法政出版、1995年。
・特集「子ども虐待に学校は何ができるか」、『教育と医学』59巻6号、2011年。

参考文献・資料一覧

　本書は、教育現場において子ども虐待の理解を深めるため、さまざまな立場の方より執筆していただきました。ここでは、さらに理解を深めていただくため、教育の視点から子ども虐待について述べられた文献を紹介します。

・玉井邦夫『新版　学校現場で役立つ子ども虐待対応の手引き』（明石書店、2013年）。
　子ども虐待にどのように対応していくかについて、福祉の視点ではなく、学校現場、教育行政の視点からまとめられた貴重な研究となっています。

・保育・学校現場での虐待対応研究会編『保育者・教師に役立つ　子ども虐待対応実践ガイド』（東洋館出版社、2013年）。
　子ども虐待の対応のあり方について、保育園・幼稚園と小学校・中学校とに分けて具体的に説明されています。また、事例も多く挙げられています。

・日本弁護士連合会子どもの権利委員会編『子どもの虐待防止・法的実務マニュアル【第5版】』（明石書店、2012年）。
　民法の親権規定と児童福祉法の改正（2012年施行）に対応し、この改正をどのように活かして子どもを保護するかという解説が加えられています。
　特に、子ども虐待に関する法的な手続き・対応が詳しく説明されています。

・岡本正子他編『教員のための子ども虐待理解と対応—学校は日々のケアと予防の力を持っている』（生活書院、2009年）。
　学校現場に焦点を当て、学校が子ども虐待の発見、ケア、予防に果たし得る役割について述べられています。

・才村純『図表でわかる子ども虐待—保育・教育・養育の現場で活かすために』（明石書店、2008年）。
　子ども虐待の現状や関係機関の課題、対応のあり方が、数多くのデータをもとに分かりやすくまとめられています。

・山下英三郎、石井小夜子編『子ども虐待—今、学校・地域社会は何ができるか（国民教育文化総合研究所15周年記念ブックレット）』（現代書館、2006年）。
　子ども虐待の現状を検証し、家族関係・家庭の養育力の要因にとどまらず、学校における虐待、不登校や非行との関連にも注目し、子どもの視点からの対策が提言されています。

・ジャネット・ケイ『児童虐待の防止と学校の役割』（信山社、2005年）。
　学校関係者が子ども虐待の問題に関与する際、その役割を責任をもって果たすのに不可欠な知識やスキルが解説されています。

子ども虐待に関する公的相談窓口

●児童相談所虐待対応ダイヤル

「189」（無料）いち・はや・く

●児童相談所相談専用ダイヤル

「0570-783-189」（有料）なやみ・いち・はや・く

●兵庫県内　児童相談所（こども家庭センター）一覧

・中央こども家庭センター

　　〒673-0021 明石市北王子町13-5　　TEL：078-923-9966

　　児童虐待防止24時間ホットライン：078-921-9119

・洲本分室

　　〒656-0021 洲本市塩屋2-4-5　　TEL：0799-26-2075

・西宮こども家庭センター

　　〒662-0862 西宮市青木町3-23　　TEL：0798-71-4670

　　児童虐待防止24時間ホットライン：0798-74-9119

・尼崎駐在

　　〒661-0024 尼崎市三反田町1-1-1　　TEL：06-6423-0801

・川西こども家庭センター

　　〒666-0017 川西市火打1-22-8　　TEL：072-756-6633

　　児童虐待防止24時間ホットライン：072-759-7799

・丹波分室

　　〒669-3309 丹波市柏原町柏原688　TEL：0795-73-3866

・姫路こども家庭センター

　　〒670-0092 姫路市新在家本町1-1-58　TEL：079-297-1261

　　児童虐待防止24時間ホットライン：079-294-9119

・豊岡こども家庭センター

　　〒668-0025 豊岡市幸町1-8　TEL：0796-22-4314

　　児童虐待防止24時間ホットライン：0796-22-9119

・神戸市こども家庭センター（神戸市児童相談所）

　　〒650-0044 神戸市中央区東川崎町1丁目3-1　　TEL：078-382-2525

●大阪府内　児童相談所（こども家庭センター）一覧

・大阪府中央子ども家庭センター
　〒572-0838　寝屋川市八坂町28-5　TEL：072-828-0161

・大阪府池田子ども家庭センター
　〒563-0041　池田市満寿美町9-17　TEL：072-751-2858

・大阪府吹田子ども家庭センター
　〒564-0072　吹田市出口町19-3　TEL：06-6389-3526

・大阪府東大阪子ども家庭センター
　〒577-0809　東大阪市永和1-7-4　TEL：06-6721-1966

・大阪府富田林子ども家庭センター
　〒584-0031　富田林市寿町2-6-1（大阪府南河内府民センタービル内）　TEL：0721-25-1131

・大阪府岸和田子ども家庭センター
　〒596-0043　岸和田市宮前町7-30　TEL：072-445-3977

・大阪市こども相談センター
　〒540-0003　大阪市中央区森ノ宮中央1-17-5　TEL：06-4301-3100

・大阪市南部こども相談センター
　〒547-0026　大阪市平野区喜連西6-2-55　TEL：06-6718-5050

・堺市子ども相談所
　〒590-0808　堺市堺区旭ケ丘中町4丁3-1　健康福祉プラザ3階　TEL：072-245-9197

＜子ども虐待に関する民間団体等の相談窓口＞

（2020年 8 月現在）

● NPO 法人　日本子どもの虐待防止民間ネットワーク
・全国子育て虐待防止ホットライン
　　TEL：0570-011-077（月曜〜土曜：午前10時〜午後 5 時）

●社会福祉法人　子どもの虐待防止センター
・電話相談　TEL：03-6909-0999
　　（平日：午前10時〜午後 5 時、土曜：午前10時〜午後 3 時）

● NPO 法人　児童虐待防止協会
・子どもの虐待ホットライン　TEL：06-6646-0088
　　（月曜〜金曜：午前11時〜午後 4 時）

●チャイルドライン（18歳未満の子ども専用電話相談窓口）
　　全国共通　TEL：0120-99-7777（月曜〜土曜：午後 4 時〜 9 時）
・兵庫県　はりまデザインラボ
　　TEL：079-437-0141（木曜日：午後 4 時〜 9 時）

●CAPNA（子どもの虐待防止ネットワーク・あいち）
・CAPNA ホットライン　TEL：052-232-0624
　　（月曜〜土曜：午前11時〜午後 2 時）

新版　子ども虐待と向きあう──兵庫・大阪の教育福祉の現場から

2020年9月1日　初版発行

編者　兵庫民主教育研究所子どもの人権委員会

発行所　三学出版有限会社　　〒520-0835　滋賀県大津市別保3丁目3-57
別保ビル3階
電話 077-536-5403　FAX 077-536-5404
http://sangaku.or.tv

印刷・製本　亜細亜印刷㈱